지역출판으로
먹고살 수 있을까

지역출판으로 먹고살 수 있을까

초판 1쇄 발행 2021년 10월 8일
    2쇄 발행 2022년 10월 20일

지은이 김주완
펴낸이 이웅현
펴낸곳 부카
출판등록 제25100-2016-12호
주소 대구광역시 달서구 문화회관길 165, 대구출판산업지원센터 408호
전화 053-423-1912 | 팩스 053-639-1912
이메일 bookaa@hanmail.net

ISBN 979-11-89045-65-4 03010

지역출판으로 먹고살 수 있을까

김주완 지음

부카

차례

프롤로그   7

강원도   강원도의 문화공동체
도서출판 문화통신
유현옥 편집주간   13

강원도의 자연과 역사를 엮어내는
도서출판 산책
원미경 대표   27

경기도   골목잡지에서 종합콘텐츠기업으로 거듭난
(주)더페이퍼
최서영 대표   45

광주
광역시   그 자체로 지역의 문화산실이 되어버린
심미안/문학들
송광룡 대표   63

대구
광역시   공간과 사람에서 이야기를 뽑아
그림책으로 엮는 **달구북**
최문성 대표   77

아동도서로 출발해 종합출판사로
나아가는 **도서출판 부카**
이웅현 대표   91

다양한 시도로 지역사회와 접점 넓히는
학이사
신중현 대표   99

**대전
광역시**

모세혈관처럼 마을과 사람을 기록하는
모두의책
김진호 이사장   113

대전 문화의 발신지
월간토마토
이용원 대표   127

**부산
광역시**

종다양성으로 높이 날고 멀리 보는
산지니
강수걸 대표   143

록커 출신 사장의 유쾌한 실험과 도전
호밀밭출판사
장현정 대표   155

전라북도   산골 출판사에서 나온 책이 베스트셀러라고?
내일을여는책
김완중 대표   169

책으로 세상을 밝히는 공간
책마을해리
이대건 대표   185

제주도   제주섬의 역사와 문화를 '젊은 책'으로 담는
한그루
김영훈 대표 · 김지희 편집장   201

충청북도   디자인으로 벌어 책을 짓는
도서출판 직지
이성우 대표   215

기타지역   1년에 딱 한 권 안 팔릴 책만 내는
책공방出版社
김진섭 대표   229

에필로그   238

프롤로그
행복한 문화일꾼들을 만나는 즐거움

지역출판사들을 취재하는 과정은 즐겁고 재미있는 경험이었다. 나도 경남도민일보가 만든 출판사 '피플파워'를 운영해온 처지여서 동지들을 만나는 기분이었다. 게다가 그들의 비결을 뽑아내는 흥미도 진진했다. 공부도 많이 되었다.

특히 가장 많은 유통 종수를 보유한 산지니 강수걸 대표나 대구 출판업계의 터줏대감으로 자리잡은 학이사 신중현 대표는 한국출판업계의 흐름과 출판시장의 변화를 꿰뚫고 있었다. 앞으로 지역에서 출판사를 창업하거나 1인출판에 도전해보고 싶은 분이 있다면 이 두 분에게 꼭 찾아가 조언을 받으라고 권하고 싶다.

광주에서 돈 안 되는 종합문예지를 17년째 발행해온 심미안/문학들 송광룡 대표에게는 존경심마저 느껴졌다. 춘천에서 탄탄한 문화공동체를 구축한 문화통신 유현옥 상임이사나 월간토마토 이용원 대표도 비슷한 아우라를 풍겼다.

지역에서 역사책을 전문으로 내고 있는 산책은 나도 역사에 관심이 많은 사람인지라 흥미로웠고, 골목잡지에서 시작해 종합콘텐츠기업이 된 더페이퍼의 성장스토리는 경이로웠다. 직지 이성우 대표나 모두의책 김진호 대표에게선 대학 시절 치열했던 시대의 아픔과 부채의식이 느껴졌다.

그림책으로 시작해 점점 영역을 넓혀가는 부카의 도전, 지역의 친숙한 이야기를 그림책으로 엮는 달구북의 시도는 신선했다. 호밀밭 장현정 대표의 앞서가는 다양한 소셜미디어 실험은 나도 따라 해보고 싶었다. 내일을여는책 김완중 대표에게는 프로출판꾼의 내공이 부러웠다. 한그루 김영훈 대표와 김지희 편집장에게는 '참 순박한 사람들이 순박한 일을 하고 있구나' 하는 생각이 들었다.

40대에 홀연 서울의 직장을 버리고 귀향해 책으로 세상을 밝히는 공간을 꾸리고 있는 책마을해리 이대건 대표의 뜨거운 에너지가 참 대단하다는 생각이 들었고, 전북 완주군 삼례읍을 떠나 새 보금자리를 찾고 있는 책공방 김진섭 대표에게는 꿋꿋이 자기 길을 가고자 하는 고집이 느껴졌다.

다들 처지는 조금씩 다르지만, 한 명도 빠짐없이 지금 하고 있는 일이 행복하다고 대답해주었다. 그래서 돈 많이 버는 일보다 하고 싶은 일을 해야 하는 게 아닌가 싶다. 결국 사람은 행복하기 위해 사는 거니까 말이다.

출판만으로 돈을 버는 출판사도 있었지만, 아직은 많은 곳이 광고디자인이나 제작대행으로 벌어 출판 손실을 메우면서 꾸준히 좋은 책을 만들고 있었다. 이분들이야말로 우리가 사는 지역의 가치를 높이고 살찌우는 문화일꾼이며 전사라고 나는 생각한다.

취재 도중 『일본의 소출판』이라는 책이 있음을 알게 되었다. 송광룡 대표가 출판사를 시작할 때 읽고 용기를 내게 되었다는 책인데, 그 책 내용이 지금 이 책이 다루는 이야기와 별로 다르지 않았다. 이 책 역시 누군가에게 용기를 주었으면 좋겠다.

이 즐겁고 재미있는 취재 기회를 주신 한국지역출판연대와 기꺼이 응해주신 출판 문화일꾼 여러분께 고개 숙여 감사드린다.

2021년 가을 김주완

강원도

문화통신이 운영하는 공간제로

강원도의 문화공동체 도서출판 문화통신
유현옥 편집주간

강원도 춘천에서 계간잡지 〈문화통신〉을 발행하는 '도서출판 문화통신'(문화통신)은 사실 출판사라기보다 지역의 문화공동체에 가깝다.

잡지 〈문화통신〉 서지정보에는 발행인 박동일, 편집주간 유현옥으로 나와 있는데, 이들은 부부 사이다. '아하! 부부가 운영하는 출판사인가?' 싶지만, 곧이어 "문화통신은 (사)문화커뮤니티 금토가 지역문화콘텐츠 개발을 위해 설립한 출판사입니다"라는 설명을 보고 고개를 갸우뚱거리게 된다. (사)문화커뮤니티 금토('금토')는 또 뭐지?

"금토가 메인 법인이고요. 그 법인이 발간, 지원하는 잡지가 문화통신인데, 회계상 사단법인과 개인사업자로 따로 되어 있긴 하지만, 모든 재정은 사단법인에 편입되는 구조예요."

유현옥(1957년생) '금토' 상임이사 겸 〈문화통신〉 편집주
간의 설명이다. 즉 문화통신이 자체사업으로 돈을 벌어도
그 수익금은 '금토'의 재정으로 귀속되고, 모자라면 '금토'
가 지원해준다는 것이다. 다시 말해 출판사의 사업소득을
발행인과 편집주간이 가져갈 수 없다. '금토' 상임이사로서
약간의 활동비가 있지만, 월급을 따로 받는 것도 아니다. 그
러면 어떻게 먹고사는 걸까?

"연구용역 과제를 수행한다든지 글쓰기 관련 강의, 뭐
이런 걸 통해서 제 나름의 수익을 유지하고요. 또 그 사이사
이에 다른 직장에 다니기도 했고요."

하지만 그게 안정적인 수입은 될 수 없을 터. 혹시 나
이가 들어 직장에서 정년퇴직한 후 사회봉사 차원에서 하
는 걸까 싶기도 하지만, 유현옥 주간이 '금토'를 만든 것은
2001년이었다. 그의 나이 마흔네 살, 한창 돈을 벌어야 할
시기였다. 그래서 물었다.

-40대 중반에 직장을 그만두고 '금토'와 문화통신을 만드셨
는데, 애초부터 이걸 생업수단으로 삼겠다는 생각은 없었던 겁니

지역출판으로 먹고살 수 있을까

까?

"그런 건 엄두도 못 냈죠."

–그러면 솔직히 돈 벌겠다는 욕심이 별로 없는 겁니까? 아니면 원래 집이 부자여서 그런 겁니까?

"아뇨.(웃음) 그렇진 않은데, 저나 남편이나 그 전부터 문화와 관련된 일을 오래 해왔기 때문에 그걸 통해서 수익을 창출하는 것은 한계가 있다는 걸 너무 정확히 알고, 제가 여기에 전념할 땐 남편이 벌고, 그러다가 제가 (다른 곳에서) 벌기도 하고, 그렇게 서로 교대해가면서 유지해왔던 거죠."

유현옥 주간은 춘천에서 태어나 춘천에서 자란 토박이로 춘천여고와 강원대학교를 나와 강원일보와 강원도민일보 기자로 20년을 일했다. 주로 문화부에서 일하면서 자연스레 문화 분야에 흥미를 갖게 됐고, 독립 공연 기획자였던 남편을 만나 결혼했다.

결혼 이듬해인 1987년 남편은 A3 크기의 작은 문화정보지를 만들었다. 그게 〈문화통신〉이었다. 춘천의 공연·전시 등 문화정보와 리뷰를 담았고, 사람들의 이야기를 찾아내 실었다. 그러나 잡지는 그리 오래가지 못했다. 가난한 1인 기획사의 대표가 꾸려가기에는 너무 버거웠다. 생활을 위해 남편은 문화예술회관에 취직했고 〈문화통신〉은 긴 휴간에 들어갔다.

그러다 2000년 강원도민일보 부국장으로 퇴직한 유현
옥 주간은 이듬해 '금토'를 설립하고, 웹진 형태로 〈문화통
신〉을 복간했다. 이어 2005년부터는 지금과 같은 계간잡지
형태로 전환, 2021년 10월까지 통권 51호를 냈다.

그 사이 유현옥 주간은 춘천문화재단 상임이사와 한국
여성수련원 원장을 맡기도 했으나, 임기를 마친 후 어김없
이 '금토'와 문화통신으로 돌아왔다. 앞서 그가 "사이사이에
다른 직장에 다니기도 했다"는 말은 위의 두 기관에서 근무
한 경력을 뜻한다.

〈문화통신〉은 여러모로 독특한 잡지다. 매회 10만 원 이
상 제작 후원을 해주는 사람이 6명, 월 1만 원 회비를 내는
정회원이 175명이다. 이외에도 6명의 편집위원과 원고료를
받지 않고 글을 쓰고 사진을 제공하는 필자와 작가들까지
많은 사람이 참여하여 만들어진다. 그 덕분에 잡지 발행 자
체로 적자를 내진 않는다.

하지만 문화통신은 그동안 잡지 외에도 많은 단행본 책
을 냈다. 강원도를 소재로 한 49편의 소설작품 배경지를 답
사한 『헤이 강원도』(최삼경 지음), 1960~70년대 춘천의 근대화
과정에서 춘천지역민들이 경험한 문화를 미시적 관점에서
기록한 『춘천의 근대거리를 거닐다』(유현옥 지음), 춘천의 걷
기 좋은 코스를 답사하고 프로그램을 운영하며 축적한 콘

텐츠가 담긴 『봄내길 따라가는 느릿느릿 춘천여행』(유현옥 신
대수 이재화 지음) 등을 펴냈다. '봄내길'이란 '춘천(春川)'의 우리
말 '봄내'에다 '길'을 합친 것으로, 제주도의 '올레길'처럼 춘
천의 걷기 좋은 길을 문화통신이 개발해 붙인 이름이다. '금
토'가 매년 춘천시의 후원을 받아 시민들과 걷기행사를 열
고 있다. 2016년에 처음 출간된 이 책은 2020년 개정판으로
다시 나왔다.

   이 밖에 마을 이야기 여행 시리즈로 펴낸 『할머니의 쌈
지』와 『달빛골짜기 옥빛 사람들』은 마을에서 문화예술교육
프로그램을 하며 할머니 할아버지들의 삶을 구술채록하고
정리하여 만든 책이다.

   지역 저자를 발굴하여 펴낸 부부 여행기 『느림과 침묵
의 길 산티아고』(이원상 지음), 강원도의 노거수를 취재한 『큰
나무』(김남덕 지음)가 있고, 마임배우의 삶을 기록한 『내가 가
면 그게 길이지』(유진규 구술), 연극배우 김경태의 삶을 기록한
『연극 무대가 세상의 전부였어요』(유현옥 지음)도 있다.

   그러나 여느 지역출판사나 마찬가지로 지역콘텐츠로
낸 책은 잘 팔리지 않는다. 디자인·인쇄·제본비용도 건지
지 못하는 경우가 허다하다. 유현옥 주간은 2017년 제주에
서 열린 한국지역도서전 기념도서에 쓴 글을 통해 이렇게
털어놓은 바 있다.

"아뇨.(웃음) 그렇진 않은데, 저나 남편이나 그 전부터 문화와 관련된 일을 오래 해왔기 때문에 그걸 통해서 수익을 창출하는 것은 한계가 있다는 걸 너무 정확히 알고, 제가 여기에 전념할 땐 남편이 벌고, 그러다가 제가 (다른 곳에서) 벌기도 하고, 그렇게 서로 교대해가면서 유지해왔던 거죠."

문화통신 유현옥 상임이사

"출판 프로세서나 경영마인드 없이 그저 '지역문화'에 대한 관심으로 무지하게 해온 일이 다른 이들에게는 아주 많이 답답했을 것이다. 그러나 사실 나도 답답하다는 것을 알까? 분명 상업성이 없는 일이라는 걸 안다. 그런데 지역의 기록을 누군가는 해야 한다는 오지랖 때문이다. 나 스스로 우리 지역의 문화, 역사가 궁금한데 찾을 수가 없어 다듬다 보니 이 길에 서 있게 된 것을. 내가 남긴 기록이 누군가에게는 작은 물꼬를 트는 작업이 될 것이라는 기대를 품고 오늘을 살고 또 내일을 준비한다."

책을 팔아 수익을 내지 못하지만 '금토'가 홈페이지에 공개해놓은 '2021 상반기 결산보고서'를 보면 놀랍게도 적자가 아니었다. 수입 1억7680만 원, 지출 1억4600만 원으로 흑자였다. 2020년 연말 결산도 수입 2억6559만 원, 지출 2억6153만 원이었다. 수입 내역은 후원금, 사업수입, 공공지원금 등으로 이뤄져 있었다.

"오랫동안 문화잡지를 내면서 콘텐츠를 만들다 보니 우리가 해온 일들과 연결된 공공기관의 연구·조사 용역이 제법 들어와요. 문화자원 조사라든지 도시재생, 마을기록 사업 같은…. 책으로는 수익을 못 내니까 그런 콘텐츠 연구용역으로 벌충한다고나 할까. 그런 게 꽤 돼요. 그리고 많은 사람의 응원과 후원으로 유지하고 있는 거죠."

　이 밖에도 '금토'는 2015년부터 매년 시민들 대상으로 춘천인문학교를 열어왔고, 그림 계(契) 회원을 모집하여 지역 화가의 작품을 공동으로 구매해주는 일, 갤러리 겸 커뮤니티 '공간제로'를 운영하는 일, 독서학당을 여는 일 등 지역 문화공동체로서 중요한 역할을 해왔다. 특히 춘천인문학교는 2015년 이전부터 문화사랑방포럼이라는 모임에서 출발하여 춘천문화재단과 강원민방 등의 후원을 받는 연례 프로그램으로 자리 잡았다. 그런 세월을 겪어오는 동안 '금토'와 문화통신으로 연결된 지역 문화예술인과 전문가들의 네트워크도 탄탄해 보였다.
　'금토' 이사회를 보면, 이사장 허태수(목사, 문필가)를 비롯해 시인, 사진작가, 대학교수, 기업가, 공연기획자, 산악인 등 17명으로 구성돼 있고, 이와 별도로 문화통신에도 다양한 인사들이 아무 대가 없이 편집위원으로 참여하고 있다.
　유현옥 주간을 포함, 이렇게 많은 사람이 오히려 자신의 시간과 돈을 바쳐가면서 20년 넘게 공동체를 구축해온 그 힘은 뭘까?

　"뭐, 글쎄요. 말하기 좀 애매한데, 나름의 우리가 갖고 있는 지역문화에 대한 어떤 원칙이나 방향성 이런 생각들

　지역출판으로 먹고살 수 있을까

이 있으니까 그런 걸 위해 한번 실천을 해보자는 마음이 있는 거죠. 제 경우는 오랫동안 지역 문화를 공부하고, 또 그런 현장을 좋아하고 문화부 기자를 오래 했으니까 그게 쌓여 또 뭐 공부를 하게 됐고, 그게 또 애정이 되고…. 물론 어떤 때는 되게 외롭고 '아이 씨~ 그만해야지. 내가 왜 이러고 있나.' 생각할 때도 있어요. 그래도 어쨌든 공감은 느리지만 같이 도와주는 분들이 있어서 버티는 거죠. 얼마 전에도 우리 그냥 독자인데 갑자기 돈을 백만 원 들고 와서 '책을 계속 너무 열심히 보고 있다', '아버님이 글을 쓰셨는데 기념으로 기부하고 싶다.' 그래서 그렇게 평범한 분들이 그럴 때마다 '아이 그래. 같이 만들어가는 거지 혼자 하는 게 아니야.' 그런 생각을 다시 하게 되는 것 같아요."

문화통신에서 수익이 안 되는 지역콘텐츠로 책을 펴내는 이유에 대해서도 이렇게 말했다.

"그렇게 해오는 과정에서 축적된 연구하고 했던 자료들이 많아지니까 그것을 가지고 또 어떻게든 콘텐츠를 만들어보고 싶은 마음이 끊임없이 솟아나서 뭘 또 하게 되죠."

–지금까지 펴낸 책 중에서 가장 애착이 가는 책은 뭔가요?
"저희가 오랫동안 발품을 팔아서 만든『봄내길 따라가

는 느릿느릿 춘천여행』이죠. 작년에 개정판도 냈고, 꾸준히
팔리는 책이기도 해요. 그리고 『춘천의 근대거리를 거닐다』
는 잘 팔리진 않지만 도서관 어딜 가나 있는 책이고….”

–『느릿느릿 춘천여행』은 외지인들에게도 잘 팔리나요?

“네. 그 책은 춘천을 좀 인문학적으로 쉽게 접근하고 싶
은 사람들이 보나 봐요. 왠지 어렵진 않을 것 같은지 그거
보고 강의해달라고 의뢰도 오더라고요. 거기에 봄내길 걷기
여행과 함께 그 길에 저 연관된 역사, 문화, 맛집 다 들어가
있거든요. 쉽게 생각하는 것 같아요. 쉽게 쓰기도 했고….”

–수익이 도움이 된 책은요?

“『느릿느릿 춘천여행』이 그랬고, 『느림과 침묵의 길 산
티아고』가 좀 많이 팔렸어요. 우리나라에 한창 산티아고 걷
기 붐이 일어나기 전이라 그 책도 도움을 받았고, 나머지는
다 그렇죠. 거의 뭐 손해만 안 보면 다행이라 생각하니까.”

–앞으로 출간을 계획 중인 책은 뭔가요?

“저희는 지역문화를 기록하는 그런 문화단체로 인식이
되어 있으니까 강원도 공연문화사를 하나 쓰려고 준비하고
있고요. 그리고 유진규 마임배우의 책도 의외로 쭉 나가는
데 그런 지역 예술가의 삶을 기록해서 지역 문화의 역사를

남겨야겠다고 생각하고 있어요."

－'금토'가 해왔던 여러 가지 일 중에서 특히 보람 있고 뿌듯한 게 있다면?

"금토를 처음 만들 때부터 문화에 대한 인식을 넓히려고 문화 사랑방 포럼을 만들고, 열 명 남짓 모여서 문화강좌에 초대해서 토론하고 이런 걸 했는데, 이제 그걸 키워서 지금 춘천인문학교로 운영하고 있거든요. 이제는 기업에서도 후원을 받고 또 재단의 지원도 받고 그렇게 외부 펀딩으로 운영하고 있는 인문학교를 통해 너무 가벼워지는 지역의 문화를 지역의 정체성이나 자기 성찰에 필요한 그런 생각을 키워내는 그런 토론마당으로 꾸준히 키워나가고 싶은 욕심이 있죠."

－문화통신이나 '금토'가 해온 이런 모델을 다른 지역에서도 이런 일을 한번 해보고 싶다는 사람이 있다면 어떻게 말해주고 싶습니까?

"세상 일이 돈으로만 다 되는 건 아니니까 자기가 버틸 각오만 있으면 하는 거지요."

－은퇴 계획까지 포함해서 앞으로 꿈이 있다면?

"현재 고민은 진행 중이고요. 저희가 문화단체로 여러

가지를 했으나 집중해서 인문학교나 출판으로 키워온 콘텐츠를 강화하고, 가장 중심에 문화통신이라는 잡지가 있으니까 이것을 어떻게 하면 저희 다음 세대로 장수시켜서 갈 것인가 거기에 집중하려고 그래요. 그동안 같이 참여했던 인력들이 있으니까 그 뭔가 저희 뒤를 이어서 하려는 사람이 있지 않을까 하는 기대도 있고. 또 적어도 저는 그 뒷사람들이 저보단 쉽게 할 수 있는 환경을 만들어 놔야 하지 않나 하는 책임감도 있고, 한창 고민 중이에요."

유현옥 주간은 지난 6월 발행된 〈문화통신〉 통권 50호에 '50에 쓰는 나의 삶, 나의 일'이란 목표로 50대 남녀 세 명과 함께 6월 초부터 글쓰기 모임을 시작했다고 알렸다. 그러면서 이 작업의 의미를 이렇게 썼다.

"살아가는 것은 순간순간 정리가 있어야 한다. 자기 역사를 한 단계 한 단계 정리하면서 삶을 돌아보고 내다보는 시간을 갖는다면 자꾸 관성에 빠져 나를 잃고 사는 것을 조금은 멈춰 서게 한다고 믿는다. 60대를 맞이한 나도 세 분의 50대와 더불어 나의 생애 연표를 만들고 있는 요즘이다."

대전 월간토마토 이용원 대표가 하고 있다는 '생애주기별 1인 1책 쓰기 운동'과 뜻을 함께 하는 일이었다.

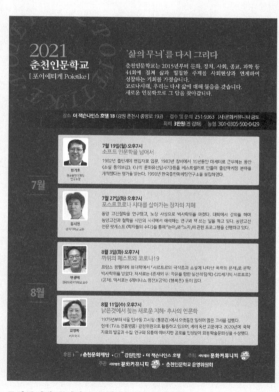

문화통신이 운영하는 춘천인문학교 포스터

도서출판 산책 원미경 대표

강원도의 자연과 역사를 엮어내는 도서출판 산책
원미경 대표

강원도 춘천에 있는 도서출판 산책(산책)은 1993년에 설립된 28년 역사의 꽤 오래된 출판사다.

원미경(1963년생) 대표는 "그야말로 덜컥 시작했다"고 표현했다. 출판과 관련된 아무 경험도 없는 상태에서 사고 치듯 일을 벌였다는 것이다.

"그때는 지역을 알리겠다는 생각보다는, 지역에도 출판이 존재할 수 있다는, 지역을 넘어서는 문학출판사를 한번 해보고 싶다는 욕심이었어요. 그래서 냈던 첫 책이 이상문학상 수상작가인 이제하 선생님의 소묘집이었어요. 출판이 서울에 다 집중되어 있는 상황에서 지역에서도 문학출판을 할 수 있다는 걸 보여주고 싶었던 것 같아요."

규모도 꽤 크게 시작했다. 편집디자이너만 4명에다 편집장도 있었다. 서울 불광동에 영업부까지 두고 영업사원들이 전국을 다니며 개별서점을 관리했다.

그때까지만 해도 지역에 출판사 등록이 되어 있는 인쇄소는 많았지만, 산책처럼 직접 기획하여 낸 책을 전국 서점으로 유통하는 '진짜 출판사'는 없었다. 그래서 강원도에 이런 출판사가 생겼다는 것만으로 뉴스가 되어 지역일간지에 보도되기도 했다.

하지만 곧 위기가 왔다. 2년 만에 경영상의 문제로 문을 닫아야 할 처지에 놓인 것이다. 위기를 극복하는 데는 원미경 대표의 대학 때 전공이 빛을 발휘했다. 강원대학교 사학과를 나온 그는 강원도의 역사에 대한 '공공출판물' 시장에 도전했다. '공공출판물'이란 강원도청과 각 시·군청, 문화원, 박물관, 향토문화연구소 등 공공기관·단체가 펴내는 책을 말한다. 계약이나 입찰 등을 통해 수주 받은 책을 제작 대행하는 일이다.

그렇게 하여 1994년 『원주군의 역사와 문화유적』(원주군·강원향토문화연구회)을 시작으로 횡성군, 홍천군, 양구군의 역사와 문화유적 책자를 제작했고, 2001년『강원의 민요』Ⅰ·Ⅱ를 연속으로 펴냈다. 『국역 강원도지』, 『국역 관동지』, 『국역 의암집』, 『강원문화재대관』, 『인제군지』, 『고성군지』, 『양구군지』도 산책에서 나왔다. 이렇게 산책이 만든 강원도의

지역출판으로 먹고살 수 있을까

역사와 인물에 대한 책만 100권이 넘는다. 각종 자료집이나 도록(圖錄)까지 합하면 150권 정도가 '공공출판물'이다.

그렇게 제작비를 받고 책을 만들어 납품하는 일이다 보니 어느 정도 경영위기에서 벗어날 수 있었다.

"어려운 상황이 굉장히 오래 갔어요. 공공출판 제작대행을 해도 많이 벌 수 있는 분야는 아니니까 어려움을 극복해가는 과정이 약 10년 이상 계속되었어요. 그런데 이 과정에서 우리지역 역사와 민속을 기록하는 작업이 너무 재미있는 거예요. 문학인들보다는 오히려 학자들하고 일하는 게 편하고 좋더라고요. 제 성격하고도 맞고, 제가 역사 전공자다 보니 아무래도 그 내용에 대한 이해도 빠르고…."

사실 그렇다. 예나 지금이나 관공서에서 펴내는 책들을 보면 대개 독자친화적이지 않다. 권위적인 디자인과 사진 선정, 편집이 딱 '관공서 책자'라는 느낌이 든다. 출판 편집 전문가의 손을 거치지 않고 딱 정해준 대로 원고를 배열하고 인쇄·제본을 대행해주는 곳에 맡기다 보니 그런 결과물이 나올 수밖에 없다.

디자인 작업 또한 마찬가지다. 디자이너가 원고의 내용을 이해하고 작업하는 것과 원고 내용을 모르고 그냥 기능적으로 배열하는 것은 차이가 크다. 그래서 산책에는 원 대표 말고도 역사를 전공한 편집디자인 담당 직원이 있다.

"공공출판물을 하면서도 '관공서 책자답다'는 느낌에서 벗어나려고 노력을 많이 했어요. 편집이라는 게 원고에 가치를 더하는 거잖아요. 부족한 원고를 보완할 수 있는 것도 편집이고 좋은 내용은 더 부각시킬 수 있는 게 편집이잖아요. 그렇게 정성과 열정을 들여 작업을 하니까 처음 맺은 인연이 지금까지 끊어지지 않고 유지되는 학자와 연구자들이 많아요."

그런 작업을 통해 만난 학자·연구자들과 인연이 깊어지면서 산책이 따로 기획하여 그들과 협업으로 독자적인 책을 출판하는 일도 점점 늘었다. 그렇게 나온 책이 『설악인문기행』 1·2, 『춘천화첩기행』, 『유산기』, 『강원의 산하, 선비와 걷다』 등이다. 다음은 원미경 대표가 직접 썼거나 산책 홈페이지(http://www.sanchaek.net)에 올라 있는 각 책에 대한 설명이다.

"『설악인문기행』은 설악산에서 은거하였거나 설악산을 유람하였던 옛 선인들의 눈에 비친 설악산은 어떠했는지 그들이 남긴 문자의 기록을 통해 그곳에 배어 있는 문자의 향기를 추적하는 과정을 기록한 책이다. 설악의 뛰어난 경관보다 선인들의 유산기와 한시, 그리고 그들이 바위에 새긴 글귀가 주요한 소재이다. 자연경관뿐만 아니라 인문학적 자산이 조화롭게 어우러질 때 비로소 명산이 된다는 것을 보여주고, 급하게 오르기만 하는 요즈음 등산보다는 설악산을 '느리게 그러나 깊이 있게' 보고자 하는 의도를 가지고 있다."

"『춘천화첩기행』은 그동안 춘천의 자연을 읊은 한시를 현재 춘천이나 춘천 인근에 거주하고 있는 20명의 화가가 그림으로 재해석한 책이다. 조선시대 유명한 시인들이 노래한 춘천지역 명소를 이 지역 화가들이 그리고, 그곳에 얽힌 스토리텔링을 옛 선인들의 한시와 함께 엮어가는 『춘천화첩기행』은 기존의 스토리텔링과 차별화되어 있다. 이와 같은 작업은 그동안 호소의 도시로만 알려진 춘천을 전통과 깊이를 가진 문화의 도시로 기억하게 할 것이다."

"산을 유람하면서 보고 느낀 것을 기록한 글이 『유산기』이다. 『유산기』에 등장하는 산은 신이 사는 신비한 장소이기도 하고, 인간이 사는 곳이기도 하다. 아름다운 경관으로 시흥의 원천이 되는 곳이기도 하고, 단순한 탐승의 대상으로 여겨지기도 한다. 강원도는 산의 고장이라 금강산과 설악산을 유람하고 남긴 수십 편의 『유산기』는 일찍부터 연구자들의 주목을 받아 연구되었다."

"『강원의 산하, 선비와 걷다』는 그동안 덜 주목받은 산과 계곡에 대한 이야기다. 원문과 번역문을 함께 실어 관심 있는 분들에게 도움을 주고자 했다. △서종화와 청평산을 오르다 △송광연과 삼한동을 거닐다 △김수증과 웅장하고 광활한 화악산을 오르다 △김창흡과 철원의 태화오곡을 걷다 △김창흡과 석천계곡을 걷다 △안석경과 군자의 덕을 지닌 태기산을 오르다 △안석경과 치악산 대승암에 올라 책을 읽다 등 7부로 구성됐다."

"『오대산의 인문학』은 오대산에 관한 옛 선인들의 시와 산문, 그림을 담은 책이다. 7세기에 자장율사는 중국 오대산을 직접 보고, 귀국 후에 비슷한 산을 골랐다. 7년 후 어렵사리 찾아낸 산이 강원도 오대산이었다. 문수보살이 오대산에 머물고 각 봉우리마다 일만 보살씩 총 오만보살의 진신이 나타난다고 여겼다. 오대산 신앙은 『화엄경』의 청량산에서 유래한다. 자장율사가 중국에서 가져온 불사리는 오대산 적멸보궁에 모셔졌고, 월정사와 상원사를 비롯하여 다섯 봉우리마다 모두 절이 들어서면서 한국 불교의 성지가 되었다.

오대산이 성지로 전국에 알려지면서 발길이 이어졌다.

지역출판으로 먹고살 수 있을까

매월당 김시습을 비롯한 유학자들은 오대산을 수백 편이 넘는 시로 노래하거나, 유람한 내용을 산문으로 남겨 유산기 문화를 꽃피웠다. 화가들은 질세라 화폭에 담았다. 김홍도는 월정사와 상원사, 중대와 오대산사고를 붓으로 재현하였다. 민간신앙에서는 전나무 길에 성황신을 모시는 성황당을 세웠다. 오대산의 진면목을 밝히기 위해 저자는 당대 유학자들이 남긴 유산기와 한시를 소개하며 오대산 곳곳으로 독자를 이끈다."

"『관동 800리 인문기행』이 다루는 공간은 동해안이다. 관동팔경뿐만 아니라 그 사이사이에 시문과 그림이 창작된 문화공간을 찾는 여정의 기록이다. 여정 속에서 이미 사라진 공간에서 가슴 아파한다. 사라져가는 공간을 찾아 주의를 환기시키기도 하고, 까맣게 잊고 있었던 공간을 찾아 의미를 다시 음미하기도 한다."

물론 산책이 이런 역사책만 내는 건 아니다. 인문학 도서나 시집, 수필집도 간간이 출간하고 있다.

최근에는 글과 그림을 함께 엮은 책도 내놨다. 춘천을 대표하는 작가 김유정의 소설과 최승랑 작가의 그림을 엮어 만든 『동백꽃』을 김유정문학촌과 더불어 출간했고, 『호수를 베고 잠들다』라는 그림시집도 냈다. 춘천에서 활동 중인 선우미애 시인이 춘천에 관한 추억과 풍경, 느낌을 담아 시를 쓰고 직접 그린 50개의 그림을 함께 실었다.

산책이 이제 그림책으로까지 영역을 넓히려는 걸까? 그러고 보니 원미경 대표는 2021년 7월 자신이 살고 있는 춘천시 우두동 풍경화 20여 점을 그려 지역도서관 로비에서 '우두동동 우두두두동'이라는 제목으로 그림 전시회를 열었다. 언론에 보도된 내용을 보니 원 대표가 그린 작품은 '어반스케치(urban sketching)'라는 것으로, 도시의 건물, 거리, 풍경, 사람들을 그리는 것이라고 한다.

"펜드로잉이 매력적으로 보였어요. 펜으로 밑그림을 그려놓고 수채화 물감으로 채색을 하는 방식인데, 온라인 강좌를 2년 전쯤에 신청해놓은 것이 있었어요. 그런데 작년 초 코로나19가 와서 시간적 여유가 생겼죠. 그 온라인 강좌를 1주일에 몰아서 다 봤어요. 그러고 나서 동네 풍경을 그려봤죠."

생각보다 전시회에 대한 반응이 좋았다. 여러 블로그에 올라온 그림을 봤는데, 잘 모르는 내 눈에도 보통 실력은 아니었다.

"26년간 우두동에 살면서 토박이로 지냈는데, 무심코

"어려운 상황이 굉장히 오래 갔어요.
공공출판 제작대행을 해도 많이 벌 수 있는
분야는 아니니까 어려움을 극복해가는
과정이 약 10년 이상 계속되었어요. 그런데
이 과정에서 우리지역 역사와 민속을
기록하는 작업이 너무 재미있는 거예요."

도서출판 산책 사무실. 카페분위기가 난다.

지나갔던 마을이 이렇게 아기자기하고 예뻤다니…. 마음이
웅장해집니다."

이런 관람 후기가 줄을 이었다. 그는 이 작업을 하면서
그림의 대상이 되는 집이나 공간에 대한 조사도 꼼꼼히 하
여 텍스트도 준비해두었다고 했다. 자신이 사는 마을을 좀
더 깊이 들여다보는 과정이었다.

"마을의 미시사(微視史, 거시적인 역사적 구조보다는 인간 개인이나 소
집단의 삶을 탐색하는 역사 연구의 방법론)를 쓴다는 마음이었어요. 그
러면서 조사를 했는데 너무 재밌더라고요. 동네 어떤 집은
도장 파는 사람이 살고 있고, 어떤 집은 딸 셋을 키워서 공
주상회라는 상호를 달았고…. 그런 글과 그림을 엮어 책으
로 내고 싶은 마음도 있어요. 조금 더 보완해야지만…. 저를
활용한 일종의 새로운 콘텐츠 실험이죠.(웃음)"

짐작이 맞았다. 거의 30년 가까운 세월을 책만 만들어온
사람이 책과 무관하게 그림을 그릴 리는 없었던 것이다.

그는 2021년 제41회 한국출판학회상을 받았다. 언론은
"강원도의 역사, 인물, 학술 분야 도서와 '인문 산책' 시리즈
를 꾸준히 발행해온 공로를 인정받아 기획편집 부문에서 상
을 받았다"고 보도했다.

2018년에는 『정약용, 길을 떠나다』(저자 권혁진)가 20일 전국지역출판연대가 선정한 '제2회 천인독자상 공로상'을 수상했다. 이 책은 저자가 1820년과 1823년 두 차례에 걸친 다산 정약용의 춘천여행 여정을 직접 답사와 문헌고증으로 기록한 역사 문화 여행서이다.

"출판학회상도 굉장히 영광이었지만, 무엇보다 저자 권혁진 박사가 쓴 책이 천인독자상을 받은 게 더 기뻤어요. 그분은 지역을 연구하는 한문학자로서 역사를 밝히는 작업들을 굉장히 많이 해왔는데, 제가 책을 만들면서 많은 홍보도 못 해드리고 많이 팔아드리지도 못하는 데 대한 미안함이 많았어요. 그런데 권 박사님이 그 상을 받게 되어 정말 기뻤죠."

산책에서 나온 역사서들을 보면 그런 상을 받을 만큼 공익적 가치가 충분해 보였다. 지방자치단체 등 공공기관에서 나온 책들과 달리 역사의 대중화에도 적지 않은 기여를 했을 것이다. 그렇다면 지방자치단체가 일정 부수를 구입해 공공도서관에 비치해도 좋을 만한 책인데, 실제 책 판매는 어땠을까?

"생각보다는 지자체에서 관심이 별로 없어요. 오히려 『오대산의 인문학』같은 책은 월정사에서 많이 구매해주셨죠. 그 외에는 400~500권 정도 팔리는 게 대부분이죠."

원미경 대표는 한국지역출판연대가 주최하는 2021 춘천지역도서전을 계기로 '강원도 지역출판지원조례' 제정을 촉구하는 운동을 해볼 참이다.

지금까지 낸 책 가운데 원 대표에게 가장 애착이 가는 책은 뭘까?

"천인독자상을 받은 『정약용, 길을 떠나다』고요. 또 지금은 절판됐지만 아무래도 첫 책으로 나왔던 이제하 선생의 소묘집, 그리고 공공출판으로 나왔지만 『국역 강원도지』 『국역 관동지』 『강원의 민요』 이 책들이 굉장히 소중해요. 왜냐면 연구자들한테는 정말 강원도 연구의 바탕이 되는 책들이고, 그때 만난 저자들과 인연이 이후 우리의 기획출판으로 이어지는 데에도 큰 역할을 했고요."

가장 많이 팔린 책에 대해서도 물었다.

"하~~(깊은 탄식). 솔직히 많이 팔렸다고 할 만한 책은 없었고요. 어떻게 보면 제작대행을 해서 번 돈으로 거의 마이너스 책을 만들었다고 생각하면 될 것 같은데요. 지역의 한계를 극복하고 정말 잘 팔리는 책을 만들어보고 싶었는

지역출판으로 먹고살 수 있을까

데…. 지금은 오래된 직원들, 그중에서도 15년 이상된 친구가 제 역할을 많이 해주고 있는데, 앞으로는 팔리는 책을 기획해보고 싶은 게 아직도 제 꿈이에요. 그래도 좀 많이 팔린 책이라면 『관동 800리 인문기행』인데 서울 국회방송에도 소개되고 SBS도 나오고 그러면서 좀 판매가 올라가더군요. 초판 1000부는 거의 다 팔렸죠. 요즘 인문학 도서는 초판을 500부밖에 안 찍는다는데, 그 정도면 잘 팔린 거죠."

지금쯤 산책의 경영은 좀 안정권에 접어들었을까? 대표를 포함해 5명의 월급은 안 밀리는 정도라고 했다. 하지만 올해는 코로나19 때문인지 작년만큼 못 할 것 같아 걱정이라고 했다. 하지만 보통 기업은 직원 1인당 매출이 1억 정도 되면 건실하다고 본다. 그렇다면 산책도 괜찮은 편이라 짐작해볼 수 있다.

매출액 중에서 책 판매수익은 20%를 밑도는 수준이고, 나머지는 공공출판 제작대행과 자비출판 등에서 나온다. 책과 관계없는 외주 인쇄물 디자인 대행은 거의 하지 않는다. 조만간 사무실을 옮겨 서점과 출판을 겸하면서 지역커뮤니티 역할을 하는 공간을 운영할 계획도 갖고 있다.

지역출판에 도전해보려는 후배들이 '지역출판으로 먹고 살 수 있을까'라고 묻는다면 원미경 대표는 뭐라고 대답할까?

"제가 만약 공공출판 제작대행을 안 했으면 못살았을 것 같다고 얘기할 것 같고요. 하지만 지역출판이라는 게 지역의 가치를 발굴하고 알리는 일인데, 힘들긴 했지만, 책 만드는 게 굉장히 매력적인 일이라 저는 행복했어요. 그리고 예전엔 출판 과정이 편집자 따로 디자인 따로 모두 분업화되어 있는 일이었고 지역에서 인쇄나 유통도 힘들었지만, 요즘은 어떻게 보면 지역에서도 혼자서 할 수 있는 일이거든요. 영화도 혼자 찍어 직접 편집하듯이…. 요즘 더 재미있게 할 수 있는 일이라 생각해요. 그리고 요즈음 지역살이나 지역의 문화, 즉 로컬에 대한 관심이 부쩍 많아져서 소재도 다양해졌습니다."

정말 하고 싶은 일이고 열정과 아이디어가 있다면 도전해보라는 말이었다.

지역출판으로 먹고살 수 있을까

도서출판 산책의 서가

경기도

더페이퍼 최서영 대표

골목잡지에서 종합콘텐츠기업으로 거듭난

(주)더페이퍼

최서영 대표

    수원 (주)더페이퍼(더페이퍼)는 그냥 출판사가 아니다. 글과 사진, 오디오와 영상 등 기록수단으로 만들 수 있는 거의 모든 콘텐츠를 생산하는 종합콘텐츠기업에 가깝다. 직원이 15명에다 연 매출도 10억 원에 이른다. 지역출판사치고는 꽤 큰 규모다.

    물론 처음부터 이랬던 건 아니다. 1997년 조그마한 편집디자인 사무실을 차려 시작한 더페이퍼는 2012년 골목잡지 〈사이다〉를 내기 시작할 때까지만 해도 연 매출이 2억 원을 밑도는 작은 업체에 불과했다. 10년도 안 되는 짧은 기간에 규모가 다섯 배나 성장한 배경은 뭘까?

    최서영(1964년생) 대표는 대학을 졸업하고 보험회사에 공채로 들어가 서울 본사 상품개발 파트에서 7년을 일했다.

1989년 결혼을 하고 첫 아이를 낳으면서 직장을 그만뒀다. 남편이 외아들이었던 탓에 시댁살이를 하며 육아와 가사에 전념하던 중 1993년 대기업에 다니던 남편이 용인공장으로 발령났다. 그래서 아예 수원으로 이사를 했고, 아이 교육을 위해 '동화읽는 어른모임'(이후 어린이도서연구회와 통합) 활동을 했던 게 어떤 계기로 작용했다.

　그 단체에서 어린이도서 전시회도 하고 인형극 공연, 회원 글쓰기 교육 등 행사를 기획하면서 언론사와 인터뷰도 하게 됐고, 기자들과 교류하는 과정에서 〈수원내일신문〉에서 함께 일해보지 않겠느냐는 제의를 받았다. 그 신문의 지역판 편집을 하는 일이었다. 일을 하면서 편집디자인을 체계적으로 배우기 위해 서울을 오가며 디자인아카데미에 다니기도 했다. 이 경험은 1997년 편집디자인 회사를 차리는 것으로 이어졌다.

　"일이라는 게 그런 것 같아요. 막상 독립하여 일을 벌이긴 했는데, 거기에 매몰되다 보면 내 삶은 없어지고 일만 남게 되는…. 그런 생활들을 계속되다 보니까 어! 뭔가 이 지역에서 발 디디고 살면서 일과 삶이 일치되는 내 주도적인 일을 하고 싶다 이런 생각을 하게 되더라고요."

　그래서 창간하게 된 것이 골목잡지 〈사이다〉였다. 그러나 잡지라는 게 그냥 직원들 시켜서 만들 수 있는 게 아니었다. 뜻을 함께하는 동지들을 모아야 했다. 2011년 5월 수원박물관에서 '내 안의 디자인 본능 깨우기'라는 프로그램을 열고 사람들을 모았다. 40여 명이 참여했고, 이들 중 몇몇이 골목잡지 창간에 뜻을 모았다. 이어 잡지 필진을 꾸리기 위해 기자학교를 열었다. 여기서도 10여 명이 잡지 창간에 함께했다. 그렇게 작가, 화가, 서예가, 사진가, 역사학도, 기자, 주민 등 다양한 사람들의 참여로 2012년 4월 19일 〈사이다〉 창간호가 나왔고, 한 권당 수원의 한 개 동(洞)을 담아 지금까지 16호를 펴냈다. 더페이퍼 홈페이지(http://magazine-saida.com)에는 〈사이다〉를 이렇게 설명해놓고 있다.

"마을의 부활과 소통을 위한 지역상생 매거진. 2012년 4월에 창간, 골목과 골목 사이, 마을과 마을 사이, 사람과 사람 사이 등 우리 주변의 많은 '사이'에 관한 이야기를 담아내고 있는 수원지역의 마을잡지. 옆집에 살아도 서로가 누구인지 알 수 없다는 현대인의 소통 부재 속에서 이 잡지는 우리 삶의 이야기, 마을 이야기 등 민중의 생활사를 기록합니다. 공동체 미디어로서 지역의 문화다양성 확보에 기여하고 최종적으로는 지역문화의 지식저장소로서의 역할을 다하고 있습니다. ※계간 매회 5000부 발행 무가."

실제 〈사이다〉를 직접 보니 30년 넘게 지역신문 기자로 살아오면서 '지역밀착' '동네밀착'을 강조해왔던 내 눈에도 대단한 취재력이 느껴졌다. 정말 구석구석 깊은 곳까지 많은 사람을 만나 꼼꼼하게 기록한 것들이었다. 최서영 발행인 겸 편집장은 한 인터뷰에서 〈사이다〉의 취재방식을 이렇게 설명했다.

　　"Q. 잡지 속에 주민들의 개인 사진도 많이 보여요. 소소할 줄만 알았는데 한 사람의 생애, 지역 역사, 문화 등 매우 다채롭습니다. 어떤 방식으로 제작이 이뤄지나요?

　　A. 골목골목을 취재하면서 주민 어른께 자신의 경험에 비추어 마을 역사 이야기를 펴내고(사이다적 글쓰기라고 합니다.) 마을의 일생을 추적하듯 그 사람의 일생을 추적해 갑니다. 개인의 역사는 마을의 역사이고 또 도시와 나라의 역사로 확장되어 마을의 가치와 그곳에 사는 사람들이 정체성을 보여줄 수 있다고 생각합니다. 또 개개인을 탐문하여 자료를 얻어냅니다. 보통 개인의 자료는 시간이 지나면 대부분 소멸되기 때문에 이런 작업을 통해 마을의 역사 자료를 공유하고 보존하는 역할도 하고, 개인의 사진이나 이야기는 같은 시대의 추억을 통해 공감을 끌어낼 수 있어 빼놓을 수 없는 작업입니다."(문화체육관광부 · 한국출판문화산업진흥원

　　게다가 〈사이다〉에 실리는 글과 사진, 일러스트, 캘리그라피 등이 모두 수준급이다. 그렇게 잡지 제작에 참여해온 사람들이 처음엔 20명, 40명, 지금은 100여 명에 이르는데, 원고료를 전혀 받지 않고 일한다. 원고료는 그렇다 치고, 무려 5000부를 발행하여 배포하는 데 드는 비용도 적지 않을 터. 물어보니 회당 비용이 2000만 원 정도 든다고 했다. 나도 출판일을 하는 터라 어림짐작으로 봐도 그 정도는 충분히 들만 해 보였다. 계간으로 발행되었으니 연간 무려 8000만 원이다. 게다가 무가지인데 이 비용을 어떻게 감당했을까? 당시로선 매출도 얼마 되지 않던 조그만 편집디자인 회사였는데….

　　"제가 애초부터 회사 수익의 50%를 사이다에 넣겠다는 생각으로 일을 진행했었어요. 그런데 막상 해보니 사이다를 만드는 동안은 우리 직원들이 돈 버는 일을 못하잖아요. 그걸 생각 못했던 거예요. 그래서 한동안은 남편의 도움을 많이 받았죠."

　　그리고 〈사이다〉 창간에 앞서 2011년 회사를 주식회사로 전환하고 사회적기업으로 선정돼 지원받은 것도 도움이 됐다. 그렇게 2018년까지 꾸준히 〈사이다〉를 발행하는 동안 더페이퍼 구성원들의 취재력과 콘텐츠 제작 역량도 쌓여 갔다.

이 와중에 최서영 대표는 동요 '오빠 생각'의 작사자인 최순애(1914~1998)와 가사 속 "서울 가신 오빠는 소식도 없고~"의 그 오빠 최영주(1906~1945)가 수원 사람이라는 걸 알게 되고 그들 남매의 일생을 취재하게 됐다.

취재 결과 오빠 최영주는 배재학교를 졸업하고 일본 니혼대학으로 유학했다가 1923년 관동대지진의 영향으로 귀국했다. 이후 수원에서 '화성소년회'를 조직해 소년운동에 투신한 데 이어 소파 방정환이 중심이 된 어린이 문학 운동 단체인 '색동회' 동인으로 활동했다. 일제의 사찰에 쫓겨 서울로 올라간 오빠 최영주는 출판인으로 명성을 얻었지만 최순애의 '오빠 생각'에서 그리움의 대상으로 남은 채 1945년 폐결핵으로 숨졌다.

최순애는 12살이던 1925년 11월 잡지 〈어린이〉에 동요 입선작으로 '오빠 생각'이 뽑혔다. "뜸북뜸북 뜸북새 논에서 울고~"로 시작되는 '오빠 생각'은 5년 뒤 작곡가 박태준이 노래로 만들어 국민동요가 됐다. 이후 최순애는 창원 출신의 아동문학가 이원수와 결혼했다.

최서영 대표는 취재 과정에서 수집한 각종 사진과 원고, 책 등을 모아 2017년 11월 수원 가빈갤러리에서 전시회를

"제가 애초부터 회사 수익의 50%를
사이다에 넣겠다는 생각으로 일을
진행했었어요. 그런데 막상 해보니
사이다를 만드는 동안은 우리 직원들이
돈 버는 일을 못하잖아요. 그걸 생각
못했던 거예요. 그래서 한동안은 남편의
도움을 많이 받았죠."

더페이퍼가 만든 책들

열어 많은 수원시민의 관심을 얻기도 했다.

"사이다 취재과정에서 북수동이라는 마을을 취재하는데, 최순애 남매가 거기 출신이라는 거예요. 그래서 아! 이거 자료 수집해서 아카이브를 해야겠다 생각했는데, 1년 정도 기간과 돈이 필요하잖아요. 궁리하다 보니 문화재단에서 라이브러리 사업공모를 하는 거예요. 그래서 신청하여 선정이 됐고, 그렇게 일이 진행된 거죠."

2018년 가을 더페이퍼는 지역 아카이빙을 수행할 시민 기록자 양성을 위해 '마을기록학교'를 열었다. 그리고 여덟 편의 강의내용을 묶어 『누구나 마을 아카이브』라는 책을 출간한다.

또 그해 연말에는 더페이퍼가 그동안 수집한 수원 행궁동의 생활사 자료와 유물들을 모아 '골목박물관'을 개관하기도 했다. 이 소식을 보도한 〈e수원뉴스〉 기사에 따르면 행궁동 골목박물관은 생활사 박물관으로 더페이퍼가 경기문화재단의 마을 지원사업을 통해 수원 행궁동 묘수사 공간을 리모델링하여 조성했다. 그동안 골목잡지를 발행해온 더페이퍼는 행궁동 주민들에게서 수집한 골동품들을 이야기와 함께 전시하고 행궁동에서 살아온 사람들의 이야기로 전시작품을 구성했다. 골목잡지 사이다 발행 7년, 최서영 대표는 3년 전부터 어르신들의 손때 묻은 물건들을 지역에서 지원한 시민수집가들과 함께 가가호호 방문하면서 물건에 얽힌 사연들과 골동품을 수집했다고 한다.

당시 개관식은 행궁동 민효근 동장, 김영진 국회의원, 안혜영 경기도의원, 행궁동 주민자치위원과 주민, 시민수집가 등 70여 명의 시민이 참여할 정도로 성황을 이뤘다. 하지만 이 박물관을 지속적으로 유지 관리할 예산을 확보하지 못해 결국 2년 만에 문을 닫게 된다.

"2년 동안 우리가 운영을 했어요. 그러나 언제까지 민간회사가 이걸 운영할 순 없잖아요. 처음 개관할 때부터 수원시에서 운영을 맡아달라고 했는데, 그게 잘 안 됐어요. 제가 행정의 생리를 잘 몰랐던 거죠. 의미도 있고 내용도 좋고 사람들도 많이 찾아와서 관심도 보이고…. 그리고 골목박물관이 있으니 마을에서 어떤 어르신이 돌아가시면 고물상을 부르기에 앞서 우리를 먼저 불러요. 그렇게 사라질 것들이 남아 축적되고 여러 의미가 있었는데, 행정에서 그걸 받아서 운영한다는 게 쉽지 않았어요. 다행히 수원박물관에서 전시품들을 기증해주면 거기서 이걸 보존하고 수집하는 일을 하겠다고 해서 결국 모든 것을 기증하고 문을 닫게 되었어요."

더페이퍼는 올해 이 골목박물관에 대한 모든 것을 담아 『골목박물관 한 권의 책이 되다』라는 책으로 묶어냈다.

이런 작업을 하는 과정에서 기록관리에 대한 관심이 생겼고, 더 전문적인 공부를 해야 할 필요를 느꼈다. 최서영 대표는 중앙대 신문방송대학원에서 석사학위를 땄고, 직장에서 퇴직한 남편은 한신대 기록관리대학원에서 역시 석사학위를 땄다. 지금 (협)마을문화기록연구원 이형희 원장이 바로 최서영 대표의 남편이다. 그렇게 부부는 2019년부터 본격적인 사업파트너가 됐다.

2019년 3월 〈경인일보〉에는 수원에서 '시민기록학교'가 열렸다는 기사가 나오는데, 그 주최가 더페이퍼였다. 2020년에는 (협)마을문화기록연구원 주관으로 경기도 오산시에서 시민기록학교가 열렸다는 기사도 검색된다.

이렇듯 2019년은 더페이퍼에게 콘텐츠 확장의 전기가 된 해였다. 그해 전국문화원연합회와 함께 전국 70군데의 오래된 공간을 아카이브하는 사업을 맡게 된 것이다. 여기서 그동안 쌓아온 더페이퍼의 역량과 노하우가 발휘되기 시작했다. 대전 월간토마토와 춘천 문화통신, 광주 전라도닷컴 등의 도움을 받기도 했지만, 70개 공간의 이야기를 4개월 만에 마무리한 것이다.

이후 전국 곳곳에서 도시재생, 마을기록, 영상기록 등 의뢰가 들어오기 시작했다. 경기도 의왕시 도룡마을, 오산시

양산동에서 마을기록을 마치고 『이제 안녕, 도룡마을』, 『큰 마을 큰뜻 양산동을 만나다』는 책을 펴냈다. 또 울릉도 밭농업 농업유산 아카이브 작업을 했고, 전시회까지 마쳤다.

이렇듯 아카이브 작업은 조사보고서와 책, 영상, 디지털 메모리얼 웹사이트, 그리고 전시로까지 이어진다. 현재는 경남 진주시, 경기 남양주시와 화성시, 인천 계양구 등에서 아카이브 작업을 진행 중이며, 특히 진주에서는 지역 출신 이형기 시인과 설창수 시인, 작곡가 이봉조, 화가 박생광 등 근대문화인물에 대한 아카이브도 함께 하고 있다. 또 경기도 여성 활동 온라인전시관 구술 영상 작업도 하고 있다.

필자와 인터뷰하는 날에도 최서영 대표는 하남선 복선전철 건설지(誌) 발간 의뢰를 받아 서울에 관계자 인터뷰를 하러 가느라 바빴다.

"요즘 건설지는 그냥 공사기록이 아니라 스토리텔링이 들어가요. 그러니까 실제로 그 공사를 하면서 했던 어떤 애환이나 노동이나 이런 공사에 참여했던 사람들의 생생한 이야기를 담기 때문에 저희가 참여하게 된 거죠."

이쯤이면 정말 종합콘텐츠기업으로 불러도 좋겠다 싶었다. 하지만 너무 많은 일을 맡아 바쁘게 사는 건 아닐까 걱정됐다. 게다가 골목잡지 〈사이다〉는 한동안 휴간 상태다.

"사실 2018년 수원에서 한국지역도서전을 치르고 난 뒤 심각한 위기가 왔어요. 일일이 말씀드릴 순 없지만 큰 손실이 났어요. 회사를 정상화하는 게 급했죠. 이제는 다시 궤도에 올라왔으니 연내 사이다를 다시 낼 예정이에요. 다시 나올 사이다는 격월간지로 계획하고 있어요. 그리고 무가지가 아닌 유가잡지로 발행할 생각이에요."

다시 나올 〈사이다〉를 기대하면서 이런 생각이 들었다. 공익사업으로 시작했던 돈 안 되는 〈사이다〉였지만, 결과적으로 보면 〈사이다〉를 만들면서 키워진 역량과 축적된 노하우, 경험이 마을기록과 사람기록 등 아카이브 사업으로 이어지면서 더페이퍼의 경영위기를 극복할 수 있었고, 그게 단기간 내에 비약적인 성장을 이루게 된 힘이 된 게 아니었을까. 어쩌면 미련하다 싶을 정도로 마을과 사람들의 삶 속으로 깊이 들어가 이야기를 담는 사이다의 방식이 오히려 더페이퍼의 가장 큰 경쟁력이 된 것이다.

다시 출판으로 돌아와 그에게 가장 애착이 가는 책을 물었다.

"아무래도 『골목박물관 한 권의 책이 되다』에 마음이 가요. 다른 책도 하나하나 의미가 있지만, 이 책은 사이다를 만들면서 해왔던 마을기록과 관련한 모든 것들이 종합적으로 들어 있는 책이죠. 더페이퍼가 행궁동에서 수년 동안 해온 일들이 담겨 있는 책이에요."

-가장 보람 있었던 프로젝트나 작업은?

"곧 사라지게 되는 마을을 기록한 건 의왕시 도룡마을이 처음이었어요. 수개월 마을사람들과 이야기를 나누던 과정도 그렇고, 사업은 LH가 줬지만 주민들과 서로 마음이 통했고, 일로 시작했지만 서로 응원하고 너무 기뻐하시고, 택지로 개발되어 마을을 떠나 이사 가면서 모두들 그 책을 들고 갔어요. 400쪽 넘는 두꺼운 책을 다 읽었다는 연세 드신 어르신도 많으시고…. 그렇게 다 이주했는데, 어느 날 모두 다시 모이는 곳에 저희를 초대했어요. 너무 고맙다며 우리 전 직원에게 고기를 사주겠다고…. 일을 하면서 이런 감정을 느끼게 된다는 게 감동적이었죠."

-지역출판으로 먹고살 수 있느냐고 묻는다면?

"저는 '이야기의 힘'이라는 게 있다고 봐요. 저희는 '사이다적 글쓰기'라고 하는데, 용역사업을 해도 사이다의 방식으로 해요. 그렇게 하면 품은 드는데 바로 그 방식이 힘이 있다는 것을 많이 느낍니다. 그래서 결국 이야기의 힘이 있다. 그게 지역이든 어디든 간에 그 이야기들이 힘이 있으면 그 이야기들이 경쟁력이 있는 거죠."

-은퇴까지 포함한 앞으로의 꿈은?

"일이 자꾸 가중되어서 힘들긴 해요. 길게 잡아 5년 정도로 보고 있어요. 제가 그만두더라도 사이다는 후배들이 계속할 수 있도록 고민하고 있어요."

더페이퍼 사무실. 마당이 있는 주택을 개조하여 일터로 만들었다.

광주광역시

□

종합문예지 〈문학들〉

그 자체로 지역의 문화산실이 되어버린 심미안/문학들
송광룡 대표

광주의 출판사 '심미안(審美眼)'은 '아름다움을 분별할 수 있는 눈'이라는 뜻이다. 2003년 설립된 심미안은 이번에 내가 취재한 출판사 중 강원도의 산책과 더불어 가장 역사가 오래된 곳이다.

심미안을 말하자면 '문학들'을 함께 말하지 않을 수 없다. 문학들은 심미안이 2005년 창간한 종합문예 계간지 〈문학들〉의 제호이자 문학전문 출판브랜드이기도 하다. 형제출판사인 셈이다.

알 만한 사람은 안다. 지역에서 종합문예지를 정기적으로 발행한다는 게 얼마나 어려운 일인지. 우선 원고료가 많이 든다. 일반 단행본 저자에게 지급하는 선인세 10%에 비할 바가 아니다. 문인들의 작품료인 만큼 훨씬 비싼 원고료가 나간다. 여기에 편집 · 인쇄 · 제본 · 발송비가 추가된다.

하지만 일반 단행본보다 잘 팔리지 않는다. 정기간행물이다 보니 유통기한도 짧다. 그래서 문예지는 손실이 뻔한 책이다. 지역 문인들의 창작 의욕을 고취하여 문화예술을 꽃피우겠다는 사명감이 없다면 낼 수 없는 책이다.

2021년 가을호까지 통권 65호가 발행된 〈문학들〉은 한 번 책이 나올 때마다 800만 원 내외의 원고료가 문인들에게 지급된다. 연간 3000만 원이 넘는 금액이다. 시(詩)는 편당 7만 5000원, 소설은 60~70만 원, 평론 48만 원 정도로 책정된다. 200자 원고지로 치면 장당 1만 원 수준으로 결코 적지 않은 액수다.

송광룡(1964년생) 심미안 대표 겸 〈문학들〉 발행인은 "광주·전남 지역에서 종합문예지 발행은 지역 문인들의 오랜 소망이었다"고 말했다. 선배 문인들은 2004년부터 송 대표를 만날 때마다 "네가 출판사를 하고 있으니까 한번 해보자"며 창간을 권유했다. 사실 그도 시인이었기 때문에 선배들의 권유를 외면할 수 없었다. 그는 1984년 대학 2학년 때 '제1회 오월문학상' 시 부문에 당선, 문단에 등단했다. 당시 심사위원장이 한국문단의 큰 어른이었던 문병란(1935~2015년) 시인이었다.

계간 〈문학들〉 창간 발기인 모임은 2005년 3월에 열렸다. 송기숙·한승원·이명한·김준태 등 문단 원로와 나종영·채희윤·고재종·임동확·김형중·이화경 등 중견 문인

40여 명이 동행에 나섰다. '삶과 문학의 다양성을 존중하는 편집방향을 추구한다'는 취지로 제호에 '들'을 붙였다. 당시 문인들은 '원고료를 주지 못하면 반드시 잡지를 폐간하자'고 뜻을 모았다.

2005년 9월 창간호가 나왔다. 처음 뜻을 모았던 대로 1년 정도는 문인들이 십시일반으로 원고료의 일부를 보탰다. 하지만 이후로는 오롯이 발행인의 몫이었다. 다행히 창간 1년 만에 한국문화예술위원회 우수문예지로 뽑혀 회당 400~500만 원의 원고료 지원을 받으면서 버틸 수 있었다. 2010년 우수문예지 지원제도가 일시적으로 없어지면서 위기를 맞았다. 그러자 지역 문인들이 '구독료 자동이체 운동'을 벌여 틈을 메웠다. 이후 지원제도가 부활함으로써 위기를 넘겼다. 그때 자동이체를 시작한 문인들 중 50여 명은 지금도 계속 이체를 해주고 있다.

그래도 매년 2000만 원씩 〈문학들〉에서 적자가 발생하고 있다. 하지만 멈출 수 없다. 이제 잡지가 너무 유명해져 버렸고, 그 자체로 너무나 소중한 문화자원이 되어버렸기 때문이다. 〈문학들〉은 '광주에서 나오지만, 전국의 젊은 문인들이 찾는 문예잡지'라는 문단의 평을 받고 있다.

"문예지에 발표된 작품들로 시집이나 소설을 꾸준히 출판하고 있습니다. 이제 시중에 유통되는 책 중 심미안보다

문학들 브랜드로 나온 책이 더 많아졌어요. 그런 책의 판매 수익도 점점 늘어나고 있고, 문학나눔 우수교양도서, 우수 출판콘텐츠, 세종도서 등에 선정되는 책들도 매년 4~5권 정도 나오고 있어요. 문예지만 적자일 뿐 문학들에서 출간된 모든 책을 포함하면 적자까지는 아닐 거예요."

참 다행이다. 실제 온라인서점 알라딘에서 보니 문학들에서 나온 책이 217종, 심미안에서 나온 책이 107종이다. 품절 또는 절판되거나 비매품으로 나온 책까지 합치면 심미안과 문학들에서 출간한 책은 570종에 이른다. '문학들 시선'(양장본)은 62권까지 나왔고, '문학들 시인선'은 7권이 나왔다.

〈문학들〉은 어려움 속에서도 '올해의 문학상'을 제정했다. 직전 1년 동안 발간된 작품들과 〈문학들〉에 발표된 시와 소설들이 심사 대상이다. 겨울호에 두 장르의 수상작이 각각 발표될 예정이다.

송광룡 대표는 전남 장성군 북상면 출신으로 초등학교 6학년 때 장성댐 건설로 고향마을 전체가 수몰지역이 됐다. 집과 전답을 팔아 온 가족이 광주로 이주했는데, 아버지가 그 돈을 밑천으로 건설업에 투자했다가 날리는 바람에 힘든 시절을 보냈다.

중고등학교 시절 책읽기를 좋아했고 글짓기 대회나 백

일장에 나가 상을 받았다. 자연스럽게 대학은 전남대 국문학과를 선택했고 교내 '용봉문학회'와 '비나리패' 회원으로 활동하던 중 '오월문학상'을 받았다. 숙명여대와 고려대 등 몇 개 대학의 문학상에 응모해 당선되기도 했다. 1998년에는 〈중앙일보〉 신춘문예 시조 부문에 당선됐다.

1991년 대학 졸업 후 금호그룹의 금호문화재단이 펴내던 지역문화잡지 월간 〈금호문화〉에 기자로 취직했다. 그리고 2001년 12월, 폐간 때까지 10년 동안 열심히 취재하고 글을 썼다. 지역의 '역사인물기행'과 '판소리 원형을 찾아서' '도계(道界)를 따라서' 등 의미 있는 글을 연재했는데, 당시 서울의 중견 출판사 '풀빛' 편집장의 전화를 받았다.

"아마 그 편집장이 금호문화를 구독하고 있었던가 봐요. 연재하던 기사를 책으로 묶어 출판해보자고 하더군요."

그렇게 그의 첫 책은 2000년 6월 『역사에 지고 삶에 이긴 사람들』이란 제목으로 풀빛에서 나왔다. 권력의 중심에서 소외되었던 조선 선비들의 삶을 그들이 머물렀던 처소와 함께 소개한 책으로, 기묘사화 이후 낙향하여 소쇄원을 지었던 양산보, 죽도를 본거지로 혁신적 사상을 전파하다 역적으로 몰려 자결한 정여립, 평생 유배의 삶을 살다 보길도에 은둔한 윤선도, 오랜 귀양살이 속에서도 조선 실학의 한

"이제 저도 곧 60이 되는데, 여러 가지
싫은 일을 억지로 하면서 사는 사람도
많잖아요? 그런데 제가 한 가지 일로
이렇게 살아올 수 있었다는 건 이 일이
나에게 맞는다는 것이고, 그것이 행복이
아닌가 생각합니다."

심미안/문학들 송광룡 대표

획을 그었던 정약용 등 조선선비 10명의 삶을 담았다. 책은 꽤 잘 팔렸다. 각종 일간지에 소개되었고 보름 만에 1쇄 2000부가 다 나갈 정도였다.

2001년 〈금호문화〉를 내던 금호문화재단이 아예 해체되면서 거기서 일하던 30여 명의 인력은 금호그룹의 다른 계열사로 고용승계됐다. 하지만 송광룡 대표는 자진하여 사표를 썼다. 글을 쓰지 못하는 대기업 계열사는 그에게 의미가 없었기 때문이다.

퇴사 후 그는 출판사를 준비했다. 글로벌 경쟁시대 출판사들도 합종연횡 대형화의 길로 치닫던 때였다. 지역에서도 잘나가는 작가들은 이미 서울의 큰 출판사로부터 선인세를 받아놓던 시절에 지역에서 출판이라니!

고민하던 그의 눈에 『일본의 소출판』(와타나베 미치코 지음, 신한미디어)이라는 책이 들어왔다.

"1993년 4500개에 이르는 일본의 출판사 중 고작 28개의 출판사를 소개한 책이었지만, 그 대상이 작은 출판사였고 지역에 뿌리를 두었다니 구미가 당겼어요. 그 출판사들의 창업정신, 운영, 생존전략, 유통실태 등을 인터뷰한 내용이었죠. '작은 출판사라면 가능하지 않을까? 베스트셀러가 아닌 스테디셀러라면? 그도 아니면 필요한 부수만을 찍어 전부 팔면 되지 않을까?' 이런 생각을 하게 됐죠."

먼저 실험삼아 2002년 1월 광고기획사를 차렸다. 금호에서 받은 10년 퇴직금을 투입했다. 3명의 인력으로 출발한 기획사는 기업이나 대학의 홍보물, 병원의 옥내·외 사인물, 아파트 브로셔 전단지도 만들었다. 납품을 하면 상대방의 반응이 좋았다. 밤을 새우기 일쑤였지만 기획사의 재정상태는 점점 좋아졌다.

자신감을 얻은 송 대표는 2003년 정식으로 '심미안'을 출판사로 등록, 본격적인 출판의 길로 접어들었다. 이후 대학이나 몇 개 거래처의 홍보물은 의뢰가 오면 해주는 정도로만 한다. 지금은 출판이 주업이다.

문학들이 시·소설·산문·평론 등의 책을 많이 낸다면 심미안은 역사와 경제 등 인문·사회 분야의 교양도서들이 많다.

심미안에서 낸 『5·18, 우리들의 이야기』는 3쇄, 『스물두 살 박기순』은 2쇄를 찍었다. 『광주누정총서』, 개정증보판으로 나온 『소쇄원』 등도 꾸준히 찾는 책들이다.

광주문화재단과 함께 내는 누정총서는 10권까지 나왔고, 5.18기념재단과 함께 낸 5월문학총서는 시·소설·희곡·평론으로 나눠 4권이 나왔다. 이런 책의 경우 기관·단체가 제작비 일부를 부담하는 자비출판 방식이지만, 책이 나오면 해당 기관·단체가 원하는 만큼 납품하고 나머지는 서점에 유통시켜 판매대금의 10%를 인세 방식으로 지급한다.

심미안은 시·군청이나 연구단체, 대학 등에서 펴내는 비매품 책들도 많이 출간하는데, 그것까지 포함하면 문학들보다 책의 종수가 더 많고, 매출의 70%도 심미안에서 나온다.

2020년 매출은 6억 원으로 8% 정도의 흑자를 냈다. 직원은 기획·편집자 1명과 디자인 3명 등 대표 포함 5명이다. 유통은 창고를 광주에 두고 총판업체인 북센과 출판협동조합을 이용한다.

가장 많이 팔린 책은 이화경 장편소설『탐욕, 사랑은 모든 걸 삼킨다』(문학들)였는데 3쇄까지 찍었다. 5·18민주화운동 당시 광주서석고등학교 3학년들의 체험담을 기록한『5·18, 우리들의 이야기』(심미안)도 3쇄를 찍었다. 시집 중에서는 김경윤 시인의『신발의 행자』도 많이 팔렸다.

특히『5·18, 우리들의 이야기』는 송광룡 대표에게 가장 애착이 가는 책이기도 하다. 동창회장이 기획하여 동창들의 뜻을 모아 1차 원고를 심미안에 보내왔는데, 기억에 의존한 글이다 보니 시기와 장소, 사건 등을 철저히 검증하고 리라이팅하느라 3개월의 시간이 걸렸다.

『스물두 살 박기순』도 그런 책이다. 광주·전남지역 최초의 노동자 야간학교인 '들불야학' 창립자이자 '임을 위한 행진곡'의 주인공인 고 박기순(1957~1978) 열사 평전이다. 원고를 보면서 가슴이 많이 아팠던 책들이다.

　마지막으로 책을 만들며 살아온 삶이 행복하느냐고 물었다.

　"50대 초반까지도 불만족스러웠어요. 에너지 소모가 너무 심하고 시간에 쫓기며 사는 게 힘들었죠. 원래 처음 생각했던대로 내 글을 쓸 여유도 없었으니까요. 하지만 최근에 생각을 바꿨습니다. 이제 저도 곧 60이 되는데, 여러 가지 싫은 일을 억지로 하면서 사는 사람도 많잖아요? 그런데 제가 한 가지 일로 이렇게 살아올 수 있었다는 건 이 일이 나에게 맞는다는 것이고, 그것이 행복이 아닌가 생각합니다."

　그는 출판사를 시작한 이후 시를 거의 쓰지 못했다. 그러다 2015년 아버지의 죽음을 겪으면서 "마음으로부터 시가 우러 나오기 시작"했다고 한다. 조만간 그의 시집이 나오면 꼭 사서 읽어볼 참이다.

심미안이 펴낸 책들

대구광역시

달구북이 펴낸 그림책들

공간과 사람에서 이야기를 뽑아그림책으로 엮는 달구북

최문성 대표

　달구북은 그림책을 만드는 출판사다. 대구의 옛 지명인 '달구'를 출판사 이름으로 쓴 데서 알 수 있듯 대구 이야기를 그림책에 담는다. 공간과 사람에 얽힌 역사를 버무려 이야기를 뽑아내고, 여기에 그림을 입혀 책으로 만들어낸다.

　대구 수성못에 얽힌 추억과 역사를 담은 『수성못』, 임진왜란 때 원병으로 왔다가 귀화해 대구에 안착한 명나라 장수 두사충 이야기 『모명재』, 대구를 시작으로 전국으로 번져나간 국채보상운동을 풀어낸 『나라빚 1300』 등이 그것이다.

　대구 사람이 아니라면 별 관심 없는 내용일 수도 있다. 하지만 수성못은 1920년대에 조선 농민들의 땀과 정성으로 조성된 인공호수로, 오랜 세월 대구 사람들의 추억이 서린 각별한 공간이다. 또한 모명재는 1912년 두사충의 후손들이 그를 기리기 위해 대구에 건립한 재실로, 역사탐방길까지 조성될 정도로 유서 깊은 곳이라고 한다. 국채보상운동이야 다들 아실 테니 더 말할 것도 없다.

이 밖에도 6.25 때 참전해 대구에서 장례를 치른 인도 군인『나야 대령』, 대구에 처음 들어온 피아노『귀신통 소리통』, 사회적기업 이야기『우리동네 착한 회사』도 그렇게 나온 그림책이다.

대구라는 도시에서 보면 의미도 있고 가치도 있는 책임은 틀림없다. 하지만 과연 출판사가 손해 보지 않을 정도로 팔리긴 할까? 아무리 좋은 책이라도 팔리지 않으면 지속 가능할 수 없고, 출판사도 살아남을 수 없을 터.

특히 그림책은 일반 도서와 달리 비용이 2배가량 많이 든다. 양장본(HardCover) 표지와 총천연색 인쇄에다 비싼 종이를 써야 하고, 작가 인세뿐 아니라 화가에게 그림값도 지불해야 하기 때문이다.

"시간이 걸렸지만 들어간 비용은 뽑을 정도로 1쇄는 거의 소진됐습니다. 주위 많은 분들의 도움 덕분이죠."

달구북 최문성 대표(1980년생)는 각각의 그림책이 몇 권씩 팔렸는지까지도 솔직히 다 털어놓았다. 가령 최 대표가 직접 저자로 참여한『수성못』은 1500권을 찍어 현재 300권 정도 남아 있고, 『나야 대령』은 2000권 중 500권이 남았으며, 『모명재』와 『나라빛 1300』은 각 3000권씩 찍었는데 거의 다 팔려 2쇄를 고민 중이라고 한다.

다행이었다. 수성구청이 관내 학교도서관에 도서구입비 예산을 지원하는 방식으로 책 판매에 도움을 줬고, 특히 『나라빛 1300』은 국채보상운동기념사업회가 절반을 구매해줬다. 그래도 손해 본 책은 없을까?

"결국 시간의 문제인 것 같습니다. 1년 안에 다 팔아야 한다고 생각하면 불가능한 일이겠지요. 저희는 그동안 출간한 책이 많지 않으니까 5년 전에 나온 책이라도 모두 대구의, 지역의 기록이라고 생각하고 똑같은 템포로 홍보를 지속하고 있거든요. 그렇게 몇 년 지나오니까 마이너스는 아니더라고요."

하지만 1쇄가 다 팔렸다고 해서 출판사의 수익이 보장되는 건 아니다. 그 책 출간에 들어간 직접비용만 겨우 회수한 정도다. 인건비와 사무실 임대료, 그리고 거기에 들어간 시간비용은 별개로 봐야 한다.

게다가 2016년 설립된 달구북이 2021년까지 낸 그림책은 총 여섯 권이다. 1년에 1권씩 나온 셈이다. 단순 계산하여 권당 1만 원 정가의 책을 3000권 팔아 연간 3000만 원의 매출을 올렸다고 해도 한 명 인건비에 못 미친다.

그나마 달구북은 식구가 단출하다. 고용인원은 북디자이너 1명뿐이고, 최문성 대표가 기획에서부터 저자 발굴, 그림작가 섭외, 원고 다듬기, 교정 교열, 홍보 영업 유통까지 모든 역할을 도맡아 한다. 출판사가 세 들어 있는 공간도 비교적 저렴한 임대료 혜택을 받고 있다.

하지만 그렇다고 해도 그림책만 팔아서는 도저히 유지해나갈 수 없는 구조다. 어떻게 6년간 살아남을 수 있었을까? 최 대표가 2021년 2월 5일 인스타그램(dalgubook)에 올린 글에서 힌트를 얻을 수 있었다.

"지난 석 달간 열한 권의 기업교재, 학교문집을 만들었다. 쉼 없이 돌린 생계형 출판 공장은 힘들어도 달콤했다."

그림책만 만드는 게 아니라는 얘기였다.

-'생계형 출판'이라는 표현을 쓰셨던데, 제작비를 받고 책을 만들어준다는 뜻이겠죠?
"네 부끄럽지만 그렇게 해야 이것을 유지할 수 있으니까."

-그게 부끄러운 일은 아니죠. 나쁜 책을 만드는 것도 아닌

지역출판으로 먹고살 수 있을까

데….

"네. 정말 정과 성을 다해서 원하는 형태의 책자를 만들긴 합니다. 일면 그렇게 제가 표현을 했지만 제 마음 속에 있는 위안과 목표는 학생들이거든요. 자기가 쓴 글이 책으로 나온다는 것에 대해서 아이들과 학교 선생님이 기뻐하니까. 결코 가치의 측면에서 뒤지지 않는다고 생각은 합니다."

-그렇죠. 대개 그런 책은 출판사가 아니라 인쇄소에 맡기는 경우가 많은데, 정상적인 출판 편집자의 손을 거쳐 나온 책은 퀄리티가 확실히 다르겠죠.

"네. 아직도 학교에서 출판에 대해 정확히 인지하지 못하는 경우가 많고요. 학교 선생님들이 대학 다닐 때 학교 앞 제본소에 가서 교재 맡기듯이 인쇄와 출판에 대한 개념이 없는 분들은 '이거 내가 원고 다 적어줬는데' 하면서 그냥 맡기면 프린트로 나오는 줄 아는 경우도 많아요. 그래서 제가 원고에 대한 수정 보완을 요청하면 귀찮아하는 선생님도 있죠."

-그런데 최 대표가 적극적으로 영업행위를 하지 않아도 그런 의뢰가 꾸준히 들어오나요?

"한 번 맡겨본 곳에선 다르다는 걸 아니까 '저기 정말 책 잘 만드니까 한 번 의뢰해보세요' 하여 소개를 해주시는 경

우도 있고, 어느 학교와는 4년째 계속 책 작업을 하고 있어
요."

　**-거기서 자체 기획출판 그림책에서 나는 손실을 벌충하는 거
네요?**

　"네 그렇습니다. 자서전 등 자비출판 의뢰도 꾸준히 들
어오고…."

　알고 보니 달구북은 그림책뿐 아니라 조선시대부터 이
어져온 여인들의 삶을 기록한 『내방가사 이야기』, 대구 경
북 지역의 나무와 숲에 대한 이야기를 담은 『더불어 숲』,
퇴계선생태실(胎室)인 안동 노송정 18대 종부(宗婦)의 삶을
기록한 『옛집에 글빛을 비추다』 등의 책을 기획출판했는데,
이 중 『더불어 숲』은 2020년 대구출판산업지원센터의 작
가 · 출판사 · 서점 연계지원사업 우수콘텐츠로 선정돼 제
작지원금을 받았고, 2021년 대구시 올해의 책으로 선정되
기도 했다. 또 『내방가사 이야기』는 한국출판문화진흥원
2020 세종도서로 선정돼 국가 예산으로 전국 공공도서관
에 책이 보급됐다.
　최문성 대표는 '그림책으로 보는 우리마을 역사 이야기'
라는 주제로 도서관과 학교를 다니며 강의도 하고, 엄마 아
빠가 먼저 역사를 알아야 아이들도 덩달아 관심을 가진다

"결국 시간의 문제인 것 같습니다.
1년 안에 다 팔아야 한다고 생각하면
불가능한 일이겠지요. 저희는 그동안
출간한 책이 많지 않으니까 5년
전에 나온 책이라도 모두 대구의,
지역의 기록이라고 생각하고 똑 같은
템포로 홍보를 지속하고 있거든요.
그렇게 몇 년 지나오니까 마이너스는
아니더라고요."

달구북 최문성 대표

는 생각에서 초등학교 학부모를 대상으로 '한국사 그림책 역사교실'을 운영하기도 한다. 또 일주일에 한 번은 아이들을 대상으로 그림책 수업도 하고 있다.

그야말로 사장-저자-편집자-영업사원-강사 등 1인 5역 이상의 역할을 하고 있는 셈이다. 이 일이 미치도록 재미있지 않다면 불가능한 상황이다. 그는 어쩌다 지역출판과 그림책에 미치게 되었을까?

최문성 대표는 원래 영남대 사범대 한문교육과를 나왔고 부전공으로 국어국문학을 공부했던 교사 지망생이었다. 임용고시 준비를 하면서도 특히 대안교육에 관심이 깊어 한동안 간디학교가 충남 금산에 설립한 대안학교 교사양성대학원에 다니기도 했다.

그러나 대안학교 교사의 꿈을 이루기 전 아버지가 갑자기 돌아가셨고, 장남이었던 그는 가정의 생계를 책임져야 했다. 엎친 데 덮친 격으로 아버지가 남긴 빚까지 떠안게 됐다. 그때가 2006년 그의 나이 스물여섯이었다.

당장 돈을 벌어야 했다. 마침 친구가 대구 수성구의 한 그림책 학원에서 일하고 있었는데, 함께 일해보지 않겠느냐고 했다. 바로 그 그림책 학원이 지금 달구북이 1층에 세들어 있는 리더스앤리더스아카데미였다. 교사가 15명이나 되는 꽤 규모 있는 시설이었다. 원장은 '열린교육'을 지향하는 꽤 덕망 높은 교육자였다. 망설일 이유가 없었다. 그때부터 그림책으로 6~7세 및 초등생 아이들과 함께하는 생활이 시작됐다.

"저도 그림책을 사실 잘 몰랐어요. 아이들한테 어떻게 읽어줘야 하는지도 몰랐고. 그래서 그때부터 정말 열심히 그림책도 많이 보고 공부를 시작했어요. 그러면서 거기서 제가 그림책을 가지고 해볼 수 있는 건 다 했던 것 같아요. 아이들과 골든벨 행사도 하고, 책에 나오는 이야기들로 또 다른 프로젝트 활동도 해보고, 책에 나오는 한자어를 뽑아서 가르치고 하면서 2016년까지 10년 동안 그렇게 지내왔던 거 같아요."(대구문화원연합회 웹진 〈달구벌문화〉, 2021. 7. 5)

그러나 그림책 선생님으로 받는 월급만으로는 아버지가 남긴 빚을 갚기엔 역부족이었다. 더 많은 수업을 받았고, 아침 점심 저녁에 아이들을 태워 나르는 운전기사 역할도 자청했다. 주말엔 예식장 뷔페에서 아르바이트도 했다. 돈을 더 벌 수만 있다면 뭐든지 했다. 결국 그렇게 하여 9년 만에 아버지의 빚을 다 갚았다. 마흔이 넘은 그가 아직 총각인 이유도 거기에 있지 않나 싶다.

"저는 지금까지 스물일곱인 줄 알고 살았던 것 같아요. 결혼은 생각할 겨를이 없었죠."

빚을 갚고 한숨 돌릴 즈음 새로운 프로젝트를 맡게 됐다. 그림책 학원에서 진짜 그림책을 만들어 보기로 한 것이다. 최 대표는 당시 학원의 교육기획실장으로서 『나야 대령』 이야기를 책으로 만들었다.

"흥미로웠다. 긴 시간 품고 살던 업에 대한 갈증이 조금은 해갈되는 듯한 느낌이었다. 작가 섭외에서부터 디자인, 인쇄까지 실무를 맡아 동분서주하였다. 그림책을 아이들에게 들려주는 것과 책을 직접 만드는 일은 완전히 달랐다. 한 권의 책을 세상에 내보인다는 것이 얼마나 어렵고 신경이 곤두서는 일인지를 깨달았다."(최문성, 대구에서 그림책을 만들기까지, 『나는 지역에서 책 지으며 살기로 했다』, 더페이퍼, 37쪽, 2018)

그는 그렇게 서른여섯에 마음이 설레는 일을 찾았다. 지역의 역사와 인물에서 콘텐츠를 만들고 이를 책으로 펴내는 지역출판인으로 전업한 것이다. (주)달구북을 설립하고 리더스앤리더스아카데미에서 『나야 대령』 출판권을 인수해 달구북 이름으로 재출간했다.

그로부터 6년이 흘렀다. 최 대표가 생각하는 지역출판이란 뭘까?

"지역은 나라의 뿌리이고, 출판은 문화의 뿌리라고 저는 늘 생각합니다. 그래서 지역출판사는 나라의 뿌리인 지역에서 문화의 발신지이자 문화 전파의 최전선에 서 있죠. 우리지역의 역사와 문화, 사람을 기록하고 발신, 전파하는 것은 지역출판이 아니고선 할 수 없는 일입니다."

사실 나도 그런 의미에서 몇 권의 지역현대사 관련 책을 낸 바 있다. 그러나 어른들을 위한 기록 차원의 역사책이 아니라, 아이들이 그림책을 통해 나고 자란 우리지역 역사를 자연스럽게 알 수 있는 달구북의 이런 작업이 굉장히 의미 있다는 생각이 들었다. 그래서 물었다.

－대구뿐 아니라 다른 지역에서도 이렇게 지역 역사를 가지고 그림책을 만들고, 그 그림책을 통해서 우리지역 아이들과 접점을 찾는 이런 작업들이 참 중요하고 필요한 일이라 생각하는데, 만약 다른 지역에서 달구북과 같은 꿈과 이상을 가지고 이런 그림책 출판사를 해보겠다는 후배나 그런 지망생이 찾아온다면 '그래 해봐라. 도와줄게'라고 적극 권장할 수 있겠습니까? 아니면 '내가 해보니 너무 힘들더라'며 말리겠습니까?

"와~하하하. (한동안 말을 잇지 못하다가) 제가 정말 몇 년 전이라면 생각도 않고 대답이 나왔을 것 같습니다. '내가 도와줄게. 이건 누군가는 해야 할 일, 당신이 한 번 해봐라. 해야 할 이유에 대해서 1박 2일 동안 이야기할 수 있다' 이렇게 말입니다. 그런데 참 이게 생존의 문제이고 생업의 문제라…. '어떻게든 돈은 따라온다'라는 말을 쉽게 이야기하진 못할 것 같습니다. 현실적인 이야기를 빼놓고 그냥 달려보자 하기는 좀 어려울 것 같습니다."

요즘 몇 년 새 부쩍 많아진 1인출판, 혹은 독립출판에 대한 그의 생각은 어떨까?

"하나의 콘텐츠로 도서제작을 시작할 순 있겠지만, 콘텐츠에 대한 탐색의 시간들이 그걸로는 좀 미진하지 않느냐 하는 생각이 듭니다. 이렇게 말씀 드리는 이유는 실제로 저희를 찾아온 대학생들, 또 제 후배들도 몇 명 있습니다. 이미 마음은 출판사예요. 그런데 저는 조금 급하다는 느낌을 받았습니다. 창의적인 것, 개성적인 것들을 많이 강조하고 있는데 너무 과정 없이 '새롭잖아요' '이런 건 없잖아요' 그것만으론 부족하지 않나 생각합니다. 대구 같은 경우에는 출판산업지원센터에 굉장히 양질의 강의도 많거든요. 정말 본인이 꿈꾸고 좋아한다면 책을 내고 싶다는 마음을 책임질 수 있는 과정이 좀 필요하죠. 그런 과정과 준비시간에 대해서 고민한다면 독립출판, 인디출판도 충분히 해볼 만한 가치가 있다고 생각합니다."

지역출판으로 먹고살 수 있을까

마지막으로 앞으로 그의 꿈을 물었다.

"서점과 출판을 함께 하는 문화플렉스 공간을 갖고 싶다는 꿈이 있습니다. 단층이라도 낡은 한옥이라도 그런 공간을 하다가 딱 25년 후에는 누군가에게 넘겨주고 떠나고 싶습니다."

그는 65세가 되는 해를 자신의 은퇴 시점으로 생각하고 있었다. 그러면서 "소유욕이 아니라 지역에 그런 공간을 하나 남기고 싶다"고 덧붙였다.

도서출판 부카 사무실

아동도서로 출발해 종합출판사로 나아가는
도서출판 부카
이웅현 대표

'도서출판 부카'(부카)는 2016년 10월 대구출판산업지원센터 건물 안에 둥지를 튼 6년차 출판사다. 지금까지 부카에서 21권의 책이 나왔고, 2020년에 론칭한 '부카주니어'라는 브랜드로 4권의 어린이 책이 나왔다. '부카주니어'는 지금 '부카플러스'로 명칭을 변경하였다.

부카에서 나온 21권의 책 중에도 어린이 책이 적지 않은데, 앞으로 아동·청소년 도서는 부카플러스로, 일반 인문교양·실용서적은 부카로 분리할 예정이다.

부카 자체로는 6년밖에 안 된 출판사지만, 그 전신이었던 '리더앤리더'까지 합치면 12년 역사가 된다. 리더앤리더는 아이들을 상대로 독서논술 교재를 만들고 방문수업을 하는 회사였다. 교재뿐 아니라 판촉물 디자인과 인쇄대행업도 했다. 그렇게 6년이 지난 2016년 10월, 대구출판산업지원센터에서 입주업체를 모집하고 있었다.

이웅현(1970년생) 대표는 "그래, 어차피 시작한 출판 일인데 제대로 해보자"고 결심했다. 바로 계약을 하고 입주했다. 그리고 출판사 상호부터 바꿨다. 부카(bookaa)는 'book artist & agent'를 조합한 말로 '책 만들고 파는 사람'이라는 뜻이다.

이 대표는 학이사 신중현 대표와 함께 대구 출판사 1호 '이상사' 출신이다. 거기서 교정·교열과 영업관리를 하며 7년을 보낸 후 2001년 퇴사했다. 그 후에도 학습교재 총판업체와 또다른 출판사 몇 곳을 다니며 출판업계를 떠나지 않았다. 모두 합치면 26년 출판 경력이다.

경상북도 청도의 농촌마을에서 태어난 이웅현 대표는 어릴 때부터 책읽기를 좋아했고 중고등학교 때는 백일장에 나갈 때마다 입상했다. 그러다 보니 자연스레 대학도 국어국문학과로 갔다.

그는 글쓰는 작가이기도 하다. 디자인등록을 한 부카의 '보니그리니' 시리즈 4권을 직접 썼다. 책에 지은이로 되어 있는 '서이화'는 그의 필명이다. 아동문학회 회원으로도 활동하고 있다.

'보니그리니'는 컬러링북의 순우리말이다. 이 대표가 만든 이름으로 '그림과 동화를 보고 그림을 그린다'라는 의미다. 이 상표로 이 대표는 2019대한민국지식산업대전 우수

　　　　　　지역출판으로 먹고살 수 있을까

상표 · 디자인권에서 은상인 특허청장상을 수상했다.

컬러링북이란 색을 칠할 수 있도록 선으로 그린 그림이나 도안을 모아 엮은 책을 말하는데, 보니그리니는 거기에다 동화를 접목시켜 동화를 읽고 직접 그림을 그리고 넣어놓은 칼선을 따라 뜯어서 아이들이 그린 그림으로 책을 만들 수 있게 제작하였다.

"색칠한 책을 그냥 덮어버리는 것이 아니라 아이들이 색칠한 부분을 따로 떼어 엮을 수 있으면 좋겠다는 생각을 했죠. 그렇게 되면 아이들이 칠한 그림만으로 또 다른 책이 될 수도 있고, 아이들 역시 자신만의 이야기가 책이 된다는 점에 흥미를 느낄 것이라 생각했습니다."

보니그리니 시리즈 1권 『나도 색깔을 가지고 싶어요』와 2권 『이빨 빠진 낙타』는 부카의 첫 책이다.

"리더앤리더 시절 우리가 만든 교재로 독서지도를 하다 보면 아이들이 책 읽기를 싫어한다는 것을 알 수 있었죠. 어릴 때부터 책을 어렵게 느꼈기 때문이라고 생각했죠. 그래서 첫 책 읽기부터 재미있게 시작하면 바른 독서습관이 길러질 수 있다는 생각에 보니그리니를 구상하게 된 거죠."

『나도 색깔을 가지고 싶어요』는 옛날 동물들이 처음으로 자신의 색을 가지게 되는 이야기를 재미있게 풀어낸 동화다. 얼룩말이 생기게 된 이야기, 카멜레온이 어떻게 몸의 색깔을 바꾸는 능력을 가지게 되었는지, 까마귀는 왜 검은색인지 등 작가의 상상력이 더해진 에피소드로 구성됐다. 『이빨 빠진 낙타』는 낙타 도둑으로 몰린 주인공이 풍부한 관찰력으로 오해를 풀고 낙타를 찾아준다는 이야기로, 탈무드를 모티브로 지었다. 이 외에도『소나기』,『미운오리새끼』가 있다.

보니그리니 시리즈 말고도 구전동화을 재구성한『다시 읽는 우리 옛이야기』가 1 · 2 · 3권으로 나왔고, 창작과 체험, 독후활동을 함께 즐기는 이야기책 '창체독 시리즈'도 3권이 나왔다. 동화를 읽고 새로운 이야기를 만들어보는 창작활동, 동화 속 내용으로 조형물을 만들어 즐기는 체험활동, 책을 읽고 더 깊이 생각하는 독후활동을 한 권의 책으로 완성할 수 있는 책이다.『내뿔을 찾아줘』,『태엽을 감아줘』,『꽃씨를 돌려줘』가 창체독 시리즈이다.

이 밖에『가정의례와 생활예절』,『소자본 청년 창업』,『자율혁명』,『지식콘텐츠 독수리처럼 낚아채라!』등 실용서적도 있고,『인문의 어깨에 올라 경영을 바라보다』같은 인문교양서적도 있다. 점점 영역을 확대해가는 모습이다.

올해는 특히 대구출판산업지원센터 우수출판콘텐츠에

"일은 행복합니다. 제가 하고 싶은
일을 하고 있기 때문에…. 그런데
생활은 안 행복합니다.(웃음) 하지만
돌이켜 생각해보면 평생을 할 수 있는
일이기에 만족하면서 사는 거죠."

도서출판 부카가 낸 책

부카플러스로 출품한 두 권의 책이 선정됐다. 동화책『할매요, 그거 참말이가』와 청소년 소설『조선의 배이거리-카스테라의 탄생』인데, 각 권마다 출판사에 500만 원, 작가에게 200만 원이 지원된다. 이 대표는 "이번에 나올 두 권은 1만 부 판매를 목표로 잡고 있다"고 호기롭게 말했다.

부카의 직원은 이웅현 대표와 그의 아내 두 명이 전부다. 그야말로 가족회사이자 2인 출판사다. 디자인과 교열·교열은 프리랜서에게 외주를 준다.

연간 매출은 2억 원 정도인데, 출판에서 나오는 비중은 아직 15% 정도에 불과하다. 나머지는 홍보판촉물, 기획, 디자인, 보드게임 제작에서 나온다. 대구에 본사를 두고 전국에 가맹점을 갖고 있는 교육프랜차이즈 '정경자창의키즈스쿨'의 의뢰를 받아 부카가 보드게임을 제작해주는데, 전체 매출의 30% 정도가 여기서 나온다.

따라서 부카 역시 출판 이외의 수익사업으로 출판 손실을 메우는 방식이다. 그나마『인문의 어깨에 올라 경영을 바라보다』가 가장 많이 팔린 책인데, 아직 2쇄에 머물러 있다. 사실상 책을 통해 수익을 내지 못함에도 꾸준히 출간종수를 늘려가고 있다는 게 참 대단해 보였다.

"아직 출판으로만 먹고살기는 어려운 것 같아요. 한동안은 까먹을 각오를 해야죠. 운이 좋아 몇만 부씩 팔리는 책이

지역출판으로 먹고살 수 있을까

나오지 않는 한. 하지만 출간종수가 계속 쌓여 100권이 넘어가면 수익이 나오겠죠."

그는 지금 행복할까?

"일은 행복합니다. 제가 하고 싶은 일을 하고 있기 때문에…. 그런데 생활은 안 행복합니다.(웃음) 하지만 돌이켜 생각해보면 평생을 할 수 있는 일이기에 만족하면서 사는 거죠."

추가로 하고픈 말은 없느냐고 물었다.

도서출판 부카 이웅현 대표

"한지연(한국지역출판연대) 회원들이 많이 늘었으면 좋겠고요. 한지연과 지역출판에 많은 관심을 부탁드립니다."

이웅현 대표는 현재 한국지역출판연대(회장 강수걸 산지니 대표) 사무총장을 맡아 지역출판의 발전과 활성화에 앞장서고 있다.

학이사 독서아카데미

다양한 시도로 지역사회와 접점 넓히는 학이사
신중현 대표

대구 '학이사(學而思)'의 전신은 '이상사(理想社)'였다. 한국 전쟁 직후인 1954년 1월 4일 대구에서 둥지를 튼 이상사는 옥편과 국어사전, 영어사전, 일어사전 등 사전류와 학습 부교재 분야에서 대표적인 출판사 중 하나였다.

신중현(1962년생) 대표는 경남 거창군 출신으로 대학 진학을 위해 대구로 왔고, 학보사 기자로 활동하며 출판사 취업의 꿈을 키웠다. 그러나 막상 졸업 후 여기저기 문을 두드렸던 출판사들은 대부분 전집류 할부판매 영업사원을 원했다. 포기하려던 순간 이상사에서 연락이 왔다.

"그날이 6월항쟁 시기 6·29선언이 나온 날, 1987년 6월 29일이었습니다. 뛸 듯이 기뻤죠."

당시 이상사는 대구의 중심 종로에서 50여 명의 직원이 일하며 출판의 황금기를 누리고 있었다. 편집자로 입사한 신중현 대표는 이후 편집장까지 지냈고, 현장도 알아야 한다는 방침에 따라 영호남권의 서점도 함께 관리했다. 서울 등 권역별로 영업팀이 따로 있을 때였다.

그러나 컴퓨터와 인터넷이 보급되면서 사전류의 시대가 마감됐고, 2007년 7월 1일 신 대표가 이상사를 물려받아 학이사로 재창업하게 된다. 이상사에 입사한 지 20년이 되는 날이었다. 그렇게 학이사는 학습 부교재 말고도 문학, 인문, 교양, 실용 서적까지 발간하는 종합출판사로 거듭났다.

신 대표는 매년 창사기념일에 나름 의미있는 이벤트를 한다. 2017년 7월 1일 10주년 때는 그동안 학이사에서 책을 낸 저자 60여 명이 쓴 글을 엮은 〈내 책을 말하다〉를 펴내 출판기념회를 열었다. 집필 동기, 내용, 출간 후 반응, 아쉬웠던 점, 출판사에 하고 싶은 이야기 등을 담고 있는 책이었다.

또 2019년 12주년에는 대구에 사는 작가 중 지역출판사에서 한 권이라도 책을 낸 적이 있는 100명의 작품 한 편씩을 모아 『100인 100작-대구에 산다, 대구를 읽다』를 출간했다. 작가에게는 지역출판사에서 책을 내준 데 대한 고마움을 표하고, 독자들에게는 우리 지역에 이렇게 훌륭한 작가와 출판사가 있으니 찾아 읽어달라는 당부를 담은 책이다.

이 책 출간과 연계하여 100명의 작가가 그동안 냈던 책 100권을 모아 대구출판산업지원센터에서 전시회를 열었다. 그리고 책 표지를 그림액자로 제작하여 함께 전시한 후 작가들에게 선물로 줬다. 작가들이 아주 좋아했다고 한다. 2019년 이벤트는 학이사가 한국출판문화산업진흥원의 '지역출판활성화사업' 대상으로 선정돼 1000만 원을 지원받아 치러졌다.

신 대표는 이렇게 지역작가들과 소통하고 커뮤니티를 만드는 일에 공을 많이 들인다. 작가뿐 아니라 독자를 조직화하는 일도 학이사의 중요 사업이다.

2016년부터 학이사 부설 독서아카데미를 설립, 매년 서평쓰기 프로그램을 운영하고 있는데 딱 15명만 선착순으로 모집한다. 강의는 신 대표가 이상사 편집장으로 있을 때부터 오랜 인연을 맺어온 문무학 시인이 맡았다. 3개월 동안 12강좌를 수료하면 시민독서모임 '책 읽는 사람들' 가입자격이 주어진다. 처음엔 연 2회로 운영하다 이후 1회로 줄여 지금까지 6기 수료생을 배출했으며, 현재 7기 개강 중이다. '책 읽는 사람들'에는 50여 명이 활동하며 월 1회 독서토론을 하고, 지역일간지 〈매일신문〉 '내가 읽은 책' 코너에 매주 1편씩 서평을 기고한다. 그렇게 실린 서평이 5년째 200편이 넘었다. 학이사독서아카데미를 수료하는 기수마다 '학이사 독서아카데미 서평모음집'이라는 부제가 붙은 책으로 출간되고 있다.

독서모임은 학이사의 신간을 홍보하는 데도 큰 힘이 된다. 대개 지역의 작은 출판사들은 신간을 내도 알릴 방법이 없어 힘들어한다. 하지만 학이사는 독서모임 회원들이 자연스레 서평단이 되어 자신의 SNS 등을 통해 새 책을 알린다.

4월 23일 '세계 책의 날'에는 인근 초등학교 학생들을 사내 도서관으로 초청, 아동문학가의 특강을 열고 책을 한 권씩 선물한다. 그리고 저녁에는 어른들을 대상으로 인문학 특강과 함께 '책으로 마음읽기'라는 행사를 여는데, 누구든지 자신이 아끼는 책을 한 권씩 가져오도록 하여 제비뽑기로 당첨된 책을 나눈다. 책에는 누가 가져온 책인지 이름과 연락처가 적혀 있는데, 열흘 안에 읽고 원래 주인에게 메일이든, 카카오톡으로든 감사 인사를 전해야 한다. 재미있는 것은 이 행사를 통해 한 대학생이 기업체 사장이 가져온 책을 받았는데, 그게 인연이 되어 그 기업체에 취업하는 일도 생겼다.

매년 전국의 지역출판사 발간 도서를 대상으로 '사랑모아 독서대상'이라는 서평 공모전을 열어 우수작을 수상하는 행사도 한다. 평소 문화사업에 기부를 많이 하는 사랑모아 통증의학과가 500만 원을 후원하며, 20개 대구지역 기업 이름의 독서상을 제정해 시상함으로써 독서분위기 조성 및 기업 내 독서문화 활성화에도 기여하고 있다.

지역출판으로 먹고살 수 있을까

"지역출판사의 생존비결을 묻는 이들에게 늘 이야기하는 게 있어요. '독서모임을 운영하라'는 말입니다. 이를 바탕으로 지역민과 함께 호흡하고 독자와 접촉면을 늘려나가는 다양한 방법을 만들어나갈 수 있죠. 우리는 이미 그 효과를 톡톡히 보고 있습니다."

학이사 신중현 대표

대구에서 코로나19 감염자가 급증했던 2020년 4월에는 각자 직업이 다른 시민 51명이 겪은 코로나 경험담을 받아 『그때에도 희망을 가졌네』를 출간했다. 이어 의료진 35명의 기록 『그곳에 희망을 심었네』도 한 달 뒤 펴냈다. 시민들의 글을 그토록 빨리 모을 수 있었던 것도 독서모임 회원의 힘이 컸다. 책의 반향은 컸다. 또 일본 도쿄 진보초 서점거리에서 한국 관련 책을 판매하는 쿠온출판사 김승복 씨의 도움으로 일본에서도 번역·출간되었고, NHK 방송에 소개되기도 했다.

"지역출판사의 생존비결을 묻는 이들에게 늘 이야기하는 게 있어요. '독서모임을 운영하라'는 말입니다. 이를 바탕으로 지역민과 함께 호흡하고 독자와 접촉면을 늘려나가는 다양한 방법을 만들어나갈 수 있죠. 우리는 이미 그 효과를 톡톡히 보고 있습니다."

물론 이런 게 가능한 것은 신중현 대표가 오랜 세월 닦아온 폭넓은 인맥과 출판사의 커리어 덕분이겠지만, 신생 출판사라 할지라도 본받아 노력해야 할 목표라는 생각이 들었다.

현재 학이사의 직원은 5명이다. 별도로 편집디자이너 2명도 함께 사무실을 쓰고 있지만, 각각 프리랜서로 독립한 상태다.

사옥은 8년 전 대구출판산업단지의 땅을 분양받아 직접
용도에 맞게 지었다. 덕분에 자체 창고도 보유하고 있다. 그
래서 경기도 파주 출판단지의 물류회사를 이용하지 않고 직
접 출고한다. 물론 전국의 지역 서점 유통을 위해선 '북센'
이라는 도서총판회사를 이용하고, 지역별 큰 서점과는 직거
래도 한다.

지금까지 학이사가 출간하여 유통 중인 책은 200종 남
짓이다. 온라인서점 알라딘에서 학이사로 검색하면 293종
의 책이 나오는데, 여기엔 옛 이상사가 펴낸 책도 포함돼 있
기 때문이다. 실제 온라인서점에 출판사 이름은 '학이사(이
상사)'로 등록돼 있다.

공공기관·단체나 기업체 발주를 받아 비매품 책 제작
을 대행해주면 회사 수익에 보탬이 많이 되지만, 요즘은 거
의 하지 않는다. 홍보물 디자인 대행도 아예 안 한다.

"저희도 초창기에는 학교 교지나 문집, 예총이나 문화재
단의 기관지, 행정기관의 백서 등 많이 했죠. 그런데 그걸 하
다 보면 모든 일정을 거기에 맞춰야 하기 때문에 다른 일을
못 하게 돼요. 그래서 가끔 일정이 맞으면 하는 경우도 있지
만 일부러 찾아다니며 하진 않아요. 그 대신 기획출판에 정

성을 쏟으려 하죠."

2020년부터 '산문의 거울' 시리즈로 여성작가들의 산문집 8권이 나왔는데, 이 또한 반응이 좋다고 한다. 현재 8권까지 출간되었는데, 종수가 불어나면서 서서히 독자들이 생겨난다고 한다.

가장 많이 팔린 책으로는 교육평론가 윤일현 씨의 『부모의 생각이 바뀌면 자녀의 미래가 달라진다』라는 책을 꼽는다. '내 아이 인성, 품성, 학력 상위 5% 만들기'라는 부제가 붙어 있는 이 책은 '가정이 가장 좋은 학교다'라는 제목으로 중국의 출판사와 수출계약까지 했는데, 2017년 '사드' 문제로 무산된 아쉬움을 갖고 있다. 정홍규 신부가 쓴 『마을로 간 신부』는 2017년 박근혜 정부의 블랙리스트에 포함됐다는 사실이 알려지면서 화제가 된 책이기도 하다.

대구에는 출판산업지원센터가 있어 여러 출판진흥정책의 수혜를 입기도 한다. 대구지역 출판사와 작가 지원을 위한 우수콘텐츠가 별도로 있다. 마케팅 비용 지원제도나 오디오북 제작지원 등 대구지역 출판사만을 위한 지원제도가 시행되고 있다. 무엇보다 매년 '출판학교'를 열어 출판인력을 양성해주는 것도 고마운 일이다.

대구시교육청은 '학생저자 10만 양성을 위한 책쓰기 프로젝트'를 운영하고 있는데, 심사를 거쳐 매년 30여 개 팀에

지역출판으로 먹고살 수 있을까

출판비용을 지원한다. 출판사에 도움이 될 만한 지원금은 아니지만, 지역의 학생들 작품이라는 생각에 학이사도 기꺼이 출판을 해준다.

신중현 대표에게 가장 애착이 가는 책을 물었다.

"문무학 선생의 『홑』이라는 시집인데요. 시조의 종장으로 쓴 '홑시'만으로 기획한 손바닥만 한 크기의 책입니다. 문 선생이 러시아에 다녀오면서 여러 판형의 책을 가져왔는데, 정말 작고 예쁜 책들이었습니다. 우리가 바로 만들어보자고 결심했죠. 크기가 똑같은 시집들이 독자들에게 시를 멀리하는 요인이 되지 않았을까 하는 생각이었죠. 가로 8.5cm, 세로 11.5cm 판형인데, 양장 제본소에서 기계가 물어주질 못하더라고요. 애를 먹었지만 대한민국에서 가장 작은 시집을 만드는 시도를 했다는 점에서 애착이 갑니다."

-출판사를 운영해오면서 가장 보람 있었던 일은 뭔가요?

"근래에 있었던 일 중에는 대구의 코로나19 재난을 두 권의 책으로 묶어낸 일, 그리고 앞으로 보람 있는 일을 좀 만들어보려고 합니다. 진짜 제대로 된 출판을 해보고 싶어서 '뜻밖에'라는 출판브랜드를 하나 더 등록했어요. 사업자등록도 따로 했고요. 곧 첫 책이 나올 텐데, 출판산업진흥원과 서울문화재단, 대구출판산업지원센터 등에서 우수콘텐츠로 선정된 원고가 4건이 있어요. '뜻밖에'를 통해 100% 기획출판, 고퀄리티 출판을 해보려 합니다."

—이상사 재직시절을 합쳐 출판인생 35년째인데, 감회가 어떤가요?

"이상사에서 편집장을 할 땐 제가 작가들에게 갑이었는데, 가난한 출판사의 사장이 되니까 완전히 을로 바뀌더군요. 그리고 지역작가나 지역사람이 오히려 지역을 낮춰 보는 시각이 참 힘들었어요. 아직은 요원하지만 그런 걸 바꿔나가는 게 학이사의 역할이라 생각하고 버텨왔습니다. 7년 전 사옥을 새로 지어 입주하고, 그 공간에서 독서아카데미도 운영하고 다양한 일을 도모하면서 마음이 많이 편해졌습니다. 월세 주던 것을 은행 이자로 주지만, 장기적으로 좋은 책을 기획할 수 있는 환경이 되었다는 것만으로도 행복하다고 봐야겠죠."

지역출판으로 먹고살 수 있을까

학이사가 연 100인 100책 전시모습

대
전
광
역
시

마을산책 VOL. 03
원동 이재우

변방에서

마을산책 VOL.16
오정동 선교사촌

숨겨진 보물
선교사촌

마을산책 VOL. 13
반석동 신선영

동네책방엔 사람이 있다
– '책방채움' 이야기

마을산책 VOL. 18
대흥동 최 희

원형의 언어,
몸짓

모두의책 마을산책 시리즈

모세혈관처럼 마을과 사람을 기록하는 모두의책
김진호 이사장

모두의책협동조합(모두의책)은 대전에서 마을기록과 사람 기록을 전문으로 하는 출판사다.

'99%를 위한 출판! 세상 모든 것은 기록될 가치가 있다' 는 모토로 2015년 설립된 모두의책은 평범한 사람들의 자서전을 내는 것부터 시작했다. 그러나 얼마 지나지 않아 '자서전'이라는 방식의 책에서 한계를 실감하는 일이 생겼다.

"첫 자서전으로 평생을 집배원으로 살아오신 분의 이야기를 책으로 냈는데, 그의 인생사를 듣고 사진을 찍고 글을 만들어내면서 참 매력 있는 일이라 생각했다. … 그러나 모 은행의 꽤 높은 사람 자서전을 만들 기회가 있었는데, 처음 의도와는 다르게 책이 산으로 갔다. … 이후 자서전도 아무나 만들어주면 우리의 에너지가 오히려 낭비될 수도 있다는 생각을 하게 되었다."(김진호, 세상의 모든 것을 기록하고 싶어요, 〈나는 지역에서 책 지으며 살기로 했다〉, 더페이퍼, 82~83쪽, 2018)

그 '은행의 꽤 높은 사람'은 선거 출마 목적으로 책을 내고자 한 것이었고, 당연히 그의 삶은 상당 부분 미화될 수밖에 없었다.

"그분 자서전을 내고 나서 후회했습니다. 자괴감도 들었고요. 더 신중해야겠다고 생각하는 계기가 됐죠."

그러나 김진호(1968년생) 이사장은 여전히 평범한 사람들의 자서전이야말로 여태까지 승자의 기록에서는 볼 수 없는, 힘없고 소외된 이들의 삶을 통해 그 시대의 사회를 투영해 볼 수 있는 소중한 기록이라고 여긴다.

다만 그 이후에 나온 책들을 보면 평범한 사람들 이야기이긴 하지만 '자서전'과는 사뭇 다른 방식이 엿보인다.

가령 『회리바람꽃』은 탄광마을 여성들의 삶과 노동에 관한 다큐에세이 형식의 책이고, 『할아버지 할머니 주머니 속의 비밀』은 '대전 서구에 사시는 할아버지 할머니들의 삶과 마을의 이야기를 채록하고 지역작가들이 스토리텔링으로 재구성한 평범한 사람들의 사는 이야기'라는 설명이 붙어 있다.

또 『대화』, 『관저동락』, 『회덕동 마을이야기』, 『구즉동 마을이야기』 등도 대전의 마을과 거기에 사는 사람들의 이야기를 담고 있다.

총 20권에 달하는 『마을산책』 시리즈 소책자도 눈길을 끌었다. 예를 들어 『마을산책1. 신성동 이기전 : 마을을 담는 꽃집 아저씨』, 『마을산책2. 추동 김광희 정현숙 : 색을 담다 자연을 닮다』, 『마을산책3. 원동 이재우 : 변방에서』 … 이런 식으로 스무 권을 냈다.

"대전에 마을여행 코스가 있는데, 대부분 공간만 둘러보는 데 그치고 있죠. 그런데 마을에는 공간만 있는 게 아니라 사람도 있거든요. 그래서 마을마다 한 명씩 모두 스무 명의 이야기를 소책자로 만들었죠."

김진호 이사장은 이 『마을산책』 시리즈 출간이 모두의책 설립 목적에 가장 부합하는 일 중 하나였다고 말했다.

"문고판보다 얇은 소책자였고, 책 속 이야기의 주인공에게 돌아가는 판매수익금도 푼돈에 불과했지만 반응이 좋았어요. 책값은 3000원 정도로 책정했는데, 마을여행 패키지에 책을 포함하는 방식으로 판매를 했죠. 가령 서른 권, 10만 원어치가 팔리면 저희가 제작비 3만 원을 공제하고 7만 원을 주인공에게 돌려주는 식으로…. 20권 모두 거의 다 소진되었고, 추가 주문이 들어오면 제작해드리고 있어요."

모두의책은 디지털인쇄기와 재단 · 제본기를 자체보유하고 있다. 그래서 『마을산책』 시리즈 같은 소책자의 경우 저렴한 비용으로 자체제작을 할 수 있는 이점이 있다.

지금은 대전의 중심이 대전역 일대지만, 예전에는 유성구 진잠동이 백제시대부터 이어져온 중심마을이었다고 한다. 모두의책은 그 진잠동에서 구전으로 내려오는 설화를 주민들이 직접 구성하고 그림까지 그려 동화책 세 권을 만들었다. 『별노리』 1, 2, 3 시리즈였는데, 이 또한 반응이 좋아 추가로 만들 계획이다.

"저희가 가서 컨설팅도 하지만, 주민들이 모여 수다를 떠는 과정에서 이야기를 도출해내고 스토리 구성에 직접 참여하고 그림도 직접 그려 책이라는 결과물을 만들어냈다는 게 의미가 있죠."

'들풀들이 전하는 17가지 대화동 이야기'라는 부제가 붙어 있는 『대화』라는 책도 그랬다.

"대화동은 대전의 대표적인 산업단지였는데 지금은 쇠락한 마을이죠. 거기서 한때 산업시대를 이끌던 사람들의 이야기를 뽑아낸 게 『대화』예요. 거기에는 노동자들의 이야기도 있고 노동운동 하던 사람들의 이야기도 있고, 거기서 태어나고 자란 사람들의 이야기도 있고 그렇습니다."

김진호 이사장에게 마을기록이란 어떤 의미일까?

"마을은 과거와 현재와 미래가 있는 곳이잖아요? 그 마을을 기록한다는 것, 마을에서 책을 만든다는 것은 그 시간들을 연결하는 작업이고, 해체되어가는 공동체를 다시 이어붙이는 작업이라고 생각하고요. 마을 사람들의 이야기를 듣고 그 날것의 이야기를 담아내다 보면 풋과일 같다는 생각도 들어요. 풋과일같이 싱그럽고 탱글탱글한 느낌, 이게 좀 매력이 있는 것 같고요. 메인스트리트가 아닌 뒷골목을 보면 길 하나 사이로 삶의 풍경이 너무 다른 거죠. '기록은 상처를 치유한다'는 말이 있는데, 아! 그 말이 맞구나 하는 생각을 종종 하게 됩니다."

마을기록 작업에서 주민들이 스토리 구성에 참여한다고는 하지만, 그래도 책이 나오려면 전문성을 갖춘 작가가 함께 붙지 않으면 불가능한 일이다. 그냥 아르바이트생 붙여

주민들의 구술채록만 한다고 될 일이 아니기 때문이다.

그런 점에서 '협동조합' 방식으로 설립된 회사라는 게 도움이 되는 듯했다. 현재 조합원은 32명인데, 초기에는 지역작가 5명으로 출발해 지금은 화가, 음악가, 사회적 기업가, 주부 등으로 스펙트럼이 넓어졌다. 이들 조합원 상당수는 책 발간작업에 적극 참여했다. 자기 책을 낸 조합원들도 있다. 『회리바람꽃』을 쓴 이재은 작가도 조합원이다.

『회리바람꽃』은 회사 매출에 가장 도움을 준 책이기도 하다. 현재 교보문고나 알라딘 등 인터넷서점에는 이 책과 『바닥이 하늘이다』라는 시집이 검색된다. 두 권 모두 2020년 하반기에 출간한 책인데 1쇄가 다 팔려 2쇄를 준비 중이다.

물론 책 판매수익으로만 회사를 유지하기는 어렵다. 2020년 4억 원이 넘는 매출을 올렸지만, 당기순손실이 4000만 원을 넘었다. 다행히 2019년 이익을 본 게 있어서 그걸로 메우고 있다.

직원 6명 중 3명은 편집디자이너, 영상 1명, 기획 및 운영지원 2명으로 구성되어 있다. 주력사업은 당연히 출판이지만, 매출 비중은 인쇄·디자인이 70%, 출판이 30% 정도다.

인쇄·디자인 물량은 20여 년간 편집디자인 프리랜서로 살아온 김진호 이사장의 네크워크 덕분에 부족함이 없다. 김 이사장은 또 대전에서 오랜 기간 마을신문 편집장으로

"제가 역량이 뛰어나고 오랫동안 한 사람은 아니지만 베스트셀러에 너무 목메지 않았으면 좋겠다는 이야기는 일단 좀 해주고 싶어요. 중앙에서 만드는 책 흉내 내서 그저 그런 책 만드는 거라면 의미가 없다고 봐요. 그 지역이 아니라면 나올 수 없는 책을 만들어라 그런 말을 해주고 싶어요."

모두의책 직원들

일해왔다. 마을미디어 메이커스북 『마을신문레시피』는 김진호 이사장이 직접 쓴 책이다.

"독문학을 전공했지만, 함께 대학을 다녔던 형이 학보사 편집장으로 일하면서 집에 설치해둔 매킨토시 컴퓨터를 갖고 놀다 보니 일찍이 편집디자인 기능을 익히게 됐죠. 형과 형의 친구들을 통해 신문에 대해서도 관심을 갖게 되었고요."

인견으로 유명한 경북 풍기군 소백산 아랫마을에서 방직공장 노동자의 아들로 태어난 그는 이후 아버지가 광부로 전업함에 따라 광산이 있던 충남 보령에서 중고등학교를 나왔다. 그러다 대전에 있는 충남대로 진학하면서 1987년 6월항쟁을 겪게 되고 사회의식에 눈을 떴지만 "요리조리 핑계 대고 도망다니며" 학생운동에 소극적이었던 게 그의 부채의식으로 남았다.

"졸업 후 직장생활도 좀 하다가 그만두고 프리랜서로 일하는 동안 마음속에 뭔가 채워지지 않는 박탈감과 허무감이 있었어요. 그 알 수 없는 불편함은 경제적 문제가 아니라 다른 데 있음을 깨달았죠. 지금 내가 누리고 있는 자유가 그때 감방도 가고 수배도 당했던 그때 그 친구들 덕분이라

지역출판으로 먹고살 수 있을까

는…."

  그래서 단순한 돈벌이로서가 아니라 뭔가 사회적으로
의미 있는 일을 하고자 했다. 그게 소셜 퍼블리싱 즉 사회적
출판이었다. 2014년 사회적 기업가 육성과정에 들어갔고,
이듬해 모두의책협동조합을 설립했다. 그로부터 벌써 7년
이 됐다.

  그동안 뼈아픈 경험도 했다. 설립 모토인 99%를 위한
사회비판 잡지 월간 〈모두〉를 창간했으나 1년 만에 접어야
했다. 당시 창간호를 찾아보니 특집으로 '노숙인을 다시 바
라보다' '탈핵 탈원전' 등 우리사회의 가장 밑바닥 사람들과
뜨거운 환경이슈를 다루고 있었다. 그렇게 13호까지 매월
잡지를 냈다. 하지만 한 번 낼 때마다 몇백만 원씩 들어가는
비용이 만만찮았다. 게다가 무료잡지였다. 매번 모토에 맞
는 콘텐츠를 생산해내는 일도 만만찮았다. 어느 순간 다른
잡지들의 모습과 비슷해진다는 게 위기로 다가왔다.

  "그땐 욕심이 지나쳤던 것 같아요. 공명심도 있었고요.
지금은 정간 상태예요. 폐간이 아니라 정간이라 하는 건 언
젠가 복간을 하리라는 생각에… 그때는 많이 달라져서 나오
겠죠."

하지만 아직 그에게는 해본 일보다 못 해본 일이 더 많다. 도전해보고픈 것들이 많이 남아 있다는 뜻이다. 모두의 북 홈페이지(http://www.modubook.kr)에 들어가 보면 그런 도전과 실험의 흔적들이 보인다. 대전의 각 마을에서 뽑아낸 이야기를 연결해주는 '이야기 지도', 누구나 자유롭게 자신의 이야기를 올릴 수 있는 글쓰기 플랫폼 '모두의 글방' 등이 눈길을 끈다.

"모두의 글방은 사실 카카오 '브런치'보다 우리가 먼저 기획해서 만든 글쓰기 플랫폼인데, 곧바로 거대기업에서 비슷한 게 나와버리니 경쟁상대가 되지 않는 거죠. 감당이 안 되어서 사실 미완의 상태로 남겨둔 겁니다. 하지만 웹진이나 전자책 등 다양한 툴을 활용해서 독자와 즉각적으로 소통하려는 시도는 계속하고 있어요. 그리고 저희가 기획하여 만드는 책은 영상을 함께 찍고 있어요. '다큐멘터리북'이라고 이름을 붙였는데, 책과 영상을 결합하고 그걸 아카이브화하는 그런 방식의 결과물이 곧 나올 겁니다."

그는 학부에서 독문학을 전공했지만 사회복지학으로 석사학위를 받았고, 지금은 박사과정으로 기록관리학을 공부하고 있다. 이왕 마을기록, 사람기록을 하고 있으니 그걸 좀 더 체계적으로 공부해보고 싶어서다.

지역출판으로 먹고살 수 있을까

하지만 지금까지 모두의책에서 나온 책들 중 상당수는 대표적인 도서유통 채널로 자리 잡은 인터넷서점에서 살 수 없다. 그래서 이렇게 물었다.

－'책은 서점을 통해 유통되고 독자에게 선택을 받아야 콘텐츠로서 가치를 인정받는다. 유통되지 않는 책은 자기만족에 불과하다'고 생각하는 사람도 있는데, 이에 대한 이사장님의 생각은?

"저도 가끔 그런 생각 안 해본 건 아닌데, 기록학 공부하다 보니까 기록의 4대 속성이 있더라고요. 그중 하나가 활용 가능성 혹은 이용 가능성이라고 하는데, 활용될 여지가 없으면 기록으로 인정하지 않잖아요? 기록학에서도."

－네. 그런 게 있죠.

"그래서 이것을 책에도 그대로 적용할 수 있을까 생각을 해봤는데, 좀 다른 것 같아요. 유통이라는 언어 자체에 화폐와 시장시스템이라는 전제가 깔려 있는 거잖아요. 그런데 활용이라는 것은 시장이나 화폐라는 게 전제되지 않잖아요. 그래서 유통되지 않는다, 노출되지 않는다고 해서 굳이 평가절하할 이유는 없을 것 같아요. 뭐 자기만족이래도 상관없죠. 자기만족이 목적이라면 그 목적을 달성했으면 된 거고요."

-네. 그렇게 볼 수 있겠군요.

"폐해가 물론 있죠. 그러나 그 폐해는 역사적으로 평가 되게 되어 있어요. 독자들이 그렇게 바보라고 생각도 안 하고요. 묻혀 있는 책이라고 해서 다 없어져야 할 건 아니죠. 유통되지 않는 책이 다 나쁜 책도 아니고 그렇다고 좋은 책도 아닌 게 분명한데, 단지 유통되지 않는 책이 세상에 드러날 수 있는 그런 게 좀 있어야겠다는 건 생각해요. 결국은 지역출판사들의 네트워크 이런 게 필요하고 출판과 관련된 아카이브 뭐 이런 것도 필요하지 않을까 하는 생각이 드네요."

팔리는 책, 다시 말해 상업적 가치가 없는 책이라고 해서 콘텐츠나 기록으로서의 가치도 없다고는 볼 수 없다는 설명이었다.

사실 그동안 모두의책에서 나온 수많은 마을기록과 사람기록은 대전에 있는 출판사가 아니라면 낼 수 없는 책이었다. 그렇다면 '지역출판'의 의미와 가치는 분명해졌다. 이를테면 중앙의 시각에서 쓴 한국의 역사를 인체의 동맥에 비유한다면, 모두의책이 발간한 이런 책들은 모세혈관에 해당하지 않을까 싶었다. 모세혈관을 통해 역사를 훨씬 풍부하게 촘촘하게 해주는 역할, 바로 이게 지역출판의 가치이지 않을까?

지역출판으로 먹고살 수 있을까

이렇게 말했더니 김진호 이사장이 짧게 호응했다.

"모세혈관이 터지면 병들어요."

마지막으로 물었다.

-새롭게 '지역출판'에 도전해보려는 사람이 있다면 해주고 싶은 조언은?

"솔직한 마음은 말리고 싶죠. 그래도 아무도 안 하면 안 될 일이잖아요. 그래서 누군가 한다고 하면 응원하고 뭐 지원할 생각은 있고요. 제가 역량이 뛰어나고 오랫동안 한 사람은 아니지만 베스트셀러에 너무 목매지 않았으면 좋겠다는 이야기는 일단 좀 해주고 싶어요. 중앙에서

모두의책 김진호 이사장

만드는 책 흉내 내서 그저 그런 책 만드는 거라면 의미가 없다고 봐요. 그 지역이 아니라면 나올 수 없는 책을 만들어라 그런 말을 해주고 싶어요."

월간토마토 잡지

대전 문화의 발신지 월간토마토
이용원 대표

　'월간토마토'는 출판사의 이름이자 잡지의 제호다. 대전의 문화예술잡지 〈월간 토마토〉는 2007년 5월에 창간해 2021년 9월 통권 170호를 냈다. 햇수로 15년째다.

　폐간 위기도 있었다. 가장 사업이 팽창하던 2019년이었다. 이용원(1972년생) 대표의 건강에 심각한 위험신호가 왔다. 살기 위해 일을 접어야 했다.

　이웃 회사였던 (주)공감만세와 2017년 합병해 월간지와 출판에서 공정여행으로까지 사업을 확대해가던 시기였다. 직원 30명에 연 매출은 15억 원에 육박했다. 그땐 외주 수익사업으로 인쇄·디자인 물량도 많이 받았고, 기업의 사보 제작 대행사업도 했다. 일은 많고 회사를 성장시켜야 한다는 부담도 강했다.

"이렇게 살다간 죽을 수도 있겠다 싶었죠. 이사회에 사직 의사를 밝혔는데, 제가 없는 상태에서 잡지와 출판사업은 계속 끌고 갈 수 없다고 하더라고요. 그래서 그 분야는 제가 정리하고 나오기로 했죠."

그렇게 하여 〈월간 토마토〉는 2020년 1월호를 낸 후 발행이 중단됐고, (주)공감만세는 서울로 옮겨갔다. 그렇게 3개월이 지났다.

"생각이 계속 왔다 갔다 했어요. 막상 토마토를 아예 폐간하려니 10년 넘게 매진해왔던 일인데 제 과거를 모두 부정해버리는 것 같고, 그동안 출간했던 단행본들도 그냥 다 사장되어버리는 거잖아요. 품절 처리되면 그런 책의 저자들에게도 너무 미안한 거예요."

그래서 판을 크게 벌이지 않고 작게 할 수 있는 방법을 고민하기 시작했다. 대전의 소위 인쇄골목이라는 동구 중동에 새로운 사무실을 얻었고, 직접 인쇄·제본을 위한 기기도 구입했다.

"3개월 휴간 후 월간 토마토를 복간하면서 '농사 짓는 마음으로 책을 짓습니다'라는 캐치프레이즈를 내걸었어요.

지역출판으로 먹고살 수 있을까

농업이 중요하다고들 하지만 그만한 대접을 못 받는 것처럼 출판도 그렇다는 생각이 들었죠. 책을 공장에서 찍어내는 상품으로만 보는 게 아닐까. 출판물의 공산품화를 퍼포먼스처럼 거부해내는 모습을 보여줘야겠다고 생각했어요. 가독성도 떨어지고 삐뚤삐뚤하고 때로는 제본이 풀린다는 민원도 있지만, 한 땀 한 땀 직접 인쇄, 정합하고 접고 자르고 재봉하는 과정을 통해 책은 공산품이 아니라는 메시지를 주고 싶었습니다."

말은 멋있게 했지만 사실 비용 절감 효과도 있었다. 인쇄소에 맡기던 때보다 150만~200만 원 정도의 인쇄·제본비가 절감된다고 한다. 직원도 대표 외 1명뿐이라 인건비도 확 줄었다. 잡지에는 매월 12~13명의 필자가 참여하지만 다들 프리랜서다. 그들에게 드리는 원고료를 포함, 대략 잡지 발행비용은 500만 원 정도. 월 1만 원 정기구독자가 600~700명쯤 되고 대전지역 서점 7곳과 인터넷서점에서도 50~100여 권 정도 팔리고 있으니 적자는 아니다.

연간 매출은 2억 원을 밑돌지만 인력과 비용이 줄었으니 그럭저럭 먹고살 만하다. 무엇보다 과거처럼 돈을 벌기 위해 내키지 않는 외주 물량을 받지 않아서 좋다. 저자에게 제작비를 부담케 하는 '자비출판' 의뢰도 받지 않는 걸 원칙으로 한다.

"작년에 자비출판을 하겠다며 찾아온 분들이 있었어요. 대전의 평범한 주부들이 독서동아리를 만들었는데 코로나로 인해 화상으로 독서모임을 진행했고, 그 1년 과정을 책으로 만들고 싶다고 하더군요. 이야기를 들어보니 우리가 하고 있는 '책 쓰기 운동'과 결이 맞으니 그냥 내드리겠다고 했죠. 그렇게 해서 『화상 독서 모임 어떻게 시작할까』라는 책이 나왔어요."

유튜브 채널 '월간토마토'에는 사무실에서 요리를 해 먹는 영상이 유난히 많다. 파스타, 팟타이, 토마토 계란볶음, 오리 스테이크에다 삼겹살 파티까지…. 주로 인턴 실습을 온 대학생들이 올린 영상인데, 마치 일하러 온 게 아니라 소풍 온 듯하다.

실제 아주 특별한 상황이 아니면 점심은 사무실에서 직접 요리해 먹는다고 한다. 엄격한 출퇴근 시간도 없다. 노는 듯 일하는 모습이다. 그렇게 부담과 스트레스가 줄어서인지 이용원 대표의 건강도 상당히 회복됐다.

이 대표는 충남 홍성에서 태어나 중고등학교를 졸업하고, 대학은 충남대 신문방송학과에 진학했다. 중학교 때 예쁜 국어 선생님이 새로 부임해 왔는데, 글짓기 숙제를 장난

130   지역출판으로 먹고살 수 있을까

스럽게 써서 제출했다고 한다. 그런데 선생님은 오히려 "글을 참 잘 쓰는구나. 너는 커서 글 쓰는 일을 해야겠다"고 칭찬해줬다. 그 일이 뇌리에 박혀 글쓰기에 관심이 생겼다.

고등학교 때는 5공 청문회와 광주 청문회로 노무현 의원이 스타로 떠올랐는데, 마침 아버지가 구독하던 〈동아일보〉를 통해 연일 대대적으로 보도된 청문회 기사를 재미있게 읽었다고 한다. 그때 글 쓰는 직업으로서 기자가 매력적으로 보였다. 비슷한 시기 홍성지역에서 전교조 해직교사들과 진보적 인사들이 지역주간지 〈홍성신문〉을 만들었는데, 그 과정을 흥미롭게 지켜보면서 신문방송학과 지망 의지를 굳혔다.

대학 졸업하고 군대를 다녀왔는데 IMF 사태가 터졌다. 취직이 어려워 논술학원에서 아이들을 가르치고 있던 중 〈옥천신문〉에서 일할 기회가 왔다.

"대학 시절 〈신문과 방송〉이라는 잡지에서 옥천신문에 대한 기사를 읽은 적이 있었어요. 대단한 신문이더군요. 마침 대학교수님의 추천도 있었고요. 옥천신문에서 일하는 5년 동안 기자로서 배워야 할 것을 다 배웠던 소중한 경험을 했죠. 지역신문은 현장과 밀착, 동네 밀착이 필수잖아요. 대도시에서 기자 생활을 시작했다면 절대 경험할 수 없는 것들을 거기서 배웠죠. 사회적으로 주목받지 못하는, 그냥 평

범한 삶을 살아가는 분들의 이야기가 얼마나 소중한지를
알게 됐죠."

그때의 경험은 이후 〈월간 토마토〉를 창간하여 마을과
사람들을 취재하고, 그 결과물을 『대전여지도』라는 단행본
으로 묶어내는 데도 큰 영향을 줬다. 이용원 대표가 직접 취
재하고 쓴 『대전여지도』는 대전 중구를 시작으로 동구, 유
성구, 서구편까지 총 4권으로 나왔고, 마지막 대덕구는 내
년에 출간 예정이다. 각 구별로 스무 개 정도의 마을을 취재
한 기록이다.

그가 신문기자를 그만두고 굳이 잡지를 만들겠다고 생
각한 이유는 뭘까?

"신문은 아무래도 각 기자당 담당해야 할 게 많으니까
시간적 여유를 갖고 호흡을 길게 취재하는 게 어렵잖아요.
지면 제약도 있고요. 그래서 잡지가 적합하겠다고 생각했
죠."

〈옥천신문〉을 나올 때 이미 잡지 창간에 대한 계획을 세
웠다. 그리곤 직접 잡지를 경험해보기 위해 그때 막 창간한
〈대전플러스〉라는 매체에 입사했다. 잡지와 신문, 생활정보
지 성격이 섞인 베를리너 판형의 매체였는데, 오래가지 못하

"이렇게 살다간 죽을 수도 있겠다 싶었죠. 이사회에 사직 의사를 밝혔는데, 제가 없는 상태에서 잡지와 출판사업은 계속 끌고 갈 수 없다고 하더라고요. 그래서 그 분야는 제가 정리하고 나오기로 했죠."

월간토마토 이용원 대표

고 폐간되고 말았다. 하지만 오히려 그 매체의 실패 경험이 〈월간 토마토〉의 방향성을 결정하는 데 도움이 됐다.

"결국 어떤 사람들이 모여서 만드느냐가 제일 중요하다는 걸 알게 됐죠. 영업부서는 아니었지만 팀장으로 일하면서 경영상황을 들여다볼 수 있었던 것도 도움이 됐고요."

그런 과정을 거쳐 창간된 〈월간 토마토〉는 15년째 대전·충남을 대표하는 문화잡지가 되었다. 그리고 이용원 대표와 기자들이 잡지에 연재한 글을 엮어 2016년 첫 단행본 『우리가 아는 시간의 풍경』을 펴냈다. 도시를 지켜온 사람들과 시간의 흔적이 남아 있는 도시의 공간들을 취재하여 쓴 이 책은 출간한 그해 문화관광부 우수출판물 지원제도인 세종도서에 선정되었고, 3000권이 거의 다 팔렸다. 『대전여지도』 1권은 1500권, 2권은 문화예술위원회 문학나눔 도서로 선정되는 덕분에 2000권이 팔렸다. 3권도 1쇄가 완판되었는데, 모두 2쇄 출간을 고민 중이다.

"대전여지도는 내년에 다섯 권이 모두 완간되면 책 수레를 예쁘게 만들어서 각 구청과 시청 앞에 가서 공무원 출퇴근 시간에 가두 판매를 해볼까 계획하고 있습니다."

지역출판으로 먹고살 수 있을까

사실 이런 책은 대전시가 예산을 들여 출간해야 할 만큼 지역으로선 가치가 있는 공익콘텐츠이니 자치단체 앞에서 그런 시위를 해보는 것도 재미있겠다는 생각이 들었다.

이밖에 외부저자를 발굴해 펴낸 기획출판물도 10여 종에 이른다. 가장 최근에 출간한 독서에세이집 『이제라도 깨달아서 다행이야』는 인터넷서점에서 꽤 반응이 좋다.

그중 2016년 펴낸 월간토마토문학상 수상작품집 『지극히 당연한 여섯』은 8년간 단편소설 공모전을 열어 그 당선작들을 묶은 책이다.

"상금 100만 원으로 시작하여 200만 원으로 올리고 매년 공모전을 했어요. 그 수상작을 모아 책을 낸 후 '드디어 하고 싶은 일을 해냈다'고 흡족해하고 있는데, 편집자가 묻더라고요. '대표님 이게 얼마짜리 책인 줄 아세요?' 최소한 3000만 원 이상이 든 책이라고 하더군요. 계산을 해주는데 8년 넘게 걸린 시간 비용과 시상금, 심사비, 행사비, 책 제작비까지…. 그러고 보니 정말 그 정도 들었더군요. 1000권을 팔아도 반밖에 못 건지는 거죠. 그런데 공모전이 지역사회 미치는 파급효과는 있었어요. 한동안 사라진 지역일간지의 신춘문예를 부활시키는 데 영향을 준 거죠. 문인들이나 그동안 신춘문예에서 상 받았던 분들, 문학동호회로부터 고맙다는 인사를 받았죠."

수상자 중에는 신유진이라는 작가도 있었다. 그는 당시 프랑스 파리에 체류 중이었는데, 이후 귀국해 월간토마토를 찾아왔다. 당시 너무 힘들어서 글쓰기를 포기하려던 참이었는데 수상작으로 뽑아줘서 다시 힘을 얻었다고 했다. 이후 그는 왕성한 글쓰기로 많은 책을 냈고, 지금은 유명작가가 되었다.

요즘 월간토마토는 '생애주기별 책 쓰기 운동'을 하고 있다.

"책을 쓸 수 있는 역량은 그 도시의 지적 역량과 직결되는 부분이잖아요. 지역에서 자기 책을 갖게 하는 경험을 정책적으로 했으면 좋겠어요. 초등학교 졸업하는 아이들이 6년의 학교생활을 정리한 자기 책을 하나씩 갖고 졸업할 수 있도록, 교육하고 준비하고 프로그래밍화해서 책을 내는 과정을 교육청과 지자체에서 지원해주면 좋겠습니다. 20대 때, 40대 때, 60대 때 인생의 변곡점이 있을 때마다 한 권씩 책 쓰기 운동을 하고 있습니다. 쉽게 자기 책을 한 권씩 만들어내는 경험을 주었을 때 사람들이 책이 갖는 의미를 더 잘 이해할 수 있지 않을까요? 출판비용을 최소한으로 줄이고 책을 쓸 수 있도록 독려하고 지원하면서 대전시민들이 편하게 책을 쓰는 게 유행처럼 되었으면 좋겠습니다. 소설

지역출판으로 먹고살 수 있을까

을 읽는 사람은 소설가 지망생이고, 시집을 읽는 사람은 시인 지망생이라는 말이 있더라고요. 그렇다면 자기 책을 가져본 사람이 책을 읽겠다는 생각이 들었죠. 저도 저자가 되어보니 그게 되게 신나는 경험이더군요. 이런 경험을 많은 사람들이 해봤으면 좋겠습니다."

1인 1책 쓰기 운동을 지방자치단체나 교육청이 지원한다? 과연 실현 가능성이 있을까?

"교육감이나 단체장만 잘 뽑으면 가능하지 않을까요? 돈보다는 의지의 문제인 것 같아요. 모든 학교에서 다하기 어려우면 시범학교부터 시작하여 점차 확대해나가는 식으로 해도 되고요."

어쩌면 꿈 같은 일이지만 의지만 있다면 못 할 일도 아니란 말이었다. 이용원 대표는 그런 정책적 지원이 없어도 『화상 독서 모임 어떻게 시작할까』처럼 지역작가를 발굴하고 그들의 책 출간을 지원하는 일을 계속할 예정이다. 조만간 〈월간 토마토〉에서 프리랜서 기자로 일한 경험을 쓴 책도 나올 예정이라고 한다.

"지역출판이라는 게 첫째, 지역이 담고 있는 콘텐츠를

발굴하여 그것을 책으로 만드는 일이고요. 둘째, 지역의 저자를 발굴하여 그가 지역에 살면서 저술 활동을 할 수 있도록 하는 거잖아요. 그런 활동을 통해 지역문화의 발신지로서 지역출판의 존재 이유가 있는 거죠."

그의 나이도 50줄에 다가섰다. 그의 다음 꿈은 뭘까?

"대략 55세쯤 되면 뭔가 새로운 전기를 만들어야 하지 않을까 생각하고 있습니다. 토마토는 다른 친구에게 맡기고 저는 고향(홍성)에 가서 조그맣게 농사도 짓고 그렇게 살 수도 있고요. 그리고 굳이 물어보시니까 하는 말이지만, 제가 대만에 갔을 때 본 건데, 화산1914 창의문화원구라고 원래 유명한 과일주 공장이었는데 지금은 전시공연장소로 개조하여 여러 형태의 전시와 공연이 이루어지는 문화복합 공간이 있었어요. 그런 공간을 위탁받아 운영하면서 다양한 문화예술 행위들을 펼치면서 살아보는 것도 좋겠다는 생각을 해본 적은 있어요. 그냥 하나의 희망이죠. 뭐."

마지막으로 물었다.

-〈월간 토마토〉 같은 지역 문화잡지 또는 지역출판에 도전해보고자 하는 사람에게 해주고 싶은 말이 있나요?

월간토마토가 펴낸 단행본

"힘든 일이긴 하지만 '정말 해보고 싶다면 해봐라. 어떻게든 먹고살 수는 있을 거다'라고 말해줄 것 같아요."

부산광역시

△
▽

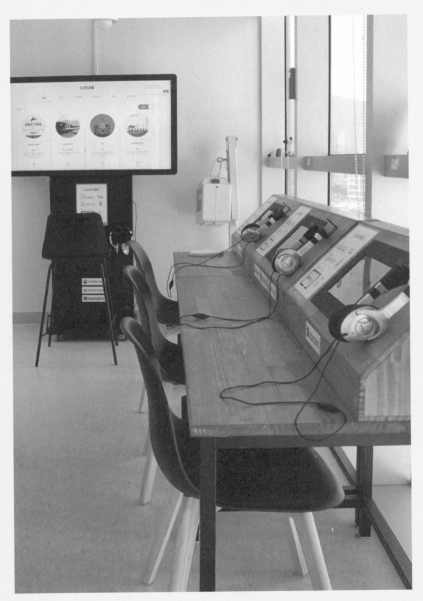

산지니 오디오북 체험공간

종다양성으로 높이 날고 멀리 보는 산지니
강수걸 대표

2005년 2월 부산에서 문을 연 '산지니'는 지역출판업계의 희망이자 모델 같은 존재다. 역사는 춘천의 산책이나 광주 심미안보다 짧지만, 유통 중인 책의 종수는 가장 많다. 온라인서점 알라딘을 기준으로 메인 브랜드인 산지니의 책이 699종, 2011년 론칭한 서브 브랜드 '해피북미디어' 책이 37종이다. 무려 736종의 책이 서점에 나와 있다.

게다가 별다른 수익사업 없이 오로지 책 판매로만 흑자를 내는 흔치 않은 출판사다. 후발 출판사들이 볼 때 '우리도 꾸준히 좋은 책을 만들며 17년을 버티면 산지니처럼 될 수 있을 거야'라는 희망을 줄 법도 하다.

산지니는 산에서 야생하는 매의 이름이다. 가장 높이 날고 오래 버티는 우리나라 전통 매라고 한다. 또 '디지털부산역사문화대전'에 따르면 1983년 부산대학교 앞에 개점한 사회과학 전문 서점으로, 당시 부산지역 대학가의 이론적, 사상적 학습 수준을 높이고 민주 인사들에게 소통 공간을 제공하여 민주화운동에 중요한 역할을 했다고 한다.

강수걸(1967년생) 대표도 2015년 펴낸 책 『지역에서 행복하게 출판하기』에서 이렇게 밝힌 바 있다.

"그 서점에서 사회에 대한 관심을 가질 수 있었고, 그 기억이 나에게 산지니란 이름을 가슴에 새기도록 해주었다. 그러나 사실은 이름을 통해 망하지 않고 오래 버티고 싶은 희망을 담았다고나 할까."

그렇게 오래 버틴 덕분에 산지니는 망하지 않는 중견 출판사로 자리 잡았지만, 그동안 위기도 적지 않았다. 창업 첫해인 2005년 5000만 원의 적자를 봤고, 이듬해 4000만 원, 그다음 해 2000만 원, 그렇게 3년간 창업자금 1억1000만 원을 까먹었다. 다행히 4년 차부터 흑자로 전환했지만, 2017년 도매상 송인서적 부도로 다시 위기를 맞았다. 무려 1억3000만 원의 직접적인 피해를 입은 것이다.

"그때 산지니가 재기하지 못할 거라는 말도 많았죠. 위기를 알리는 게 먼저라고 생각해 각계에 어려움을 호소하는 일부터 했습니다. 블로그에도 힘들다, 피해를 봤다, 도와

지역출판으로 먹고살 수 있을까

달라는 글을 올렸죠. 부산시에도 하고 공공도서관에도 하고…. 마침내 부산시가 공동도서관을 통해 책을 구매해줬어요. 부산시의 적극적인 도움으로 회생할 수 있었죠."

그렇게 하여 2019년 다시 흑자로 전환했고, 오늘에 이르고 있다.

"그러나 아직 안심할 순 없습니다. 반디앤루니스를 운영하는 서울문고가 올해 법정관리에 들어갔고, 교보문고도 상반기 적자를 냈다는 보도를 보면 위험하죠. 총판업체인 북센도 어음을 발행하고 있기 때문에 불안하고…."

산지니의 연 매출은 9억 원 정도다. 출판 이외의 매출은 없다. 가끔 디자인 의뢰가 들어오기도 하지만 다른 기획사로 넘겨준다. 저자가 제작비를 부담하는 자비출판도 아예 없진 않지만, 그 일을 하다 보면 다른 일이 안 돌아가게 돼 거절하는 경우도 많다. 지인을 통해 의뢰가 들어와도 검토 프로세스를 거친다. 공공기관의 비매품 책 제작을 대행하는 일도 거의 없다. 책 매출 외엔 다른 수익사업이 없는 셈이다.

대신 요즘에는 전자책이나 오디오북 시장에 도전하고 있다. 전자책은 300여 종, 오디오북도 15종을 만들어봤다. 전자책의 경우 아직 온라인으로 읽는 것은 공짜라는 인식이 많아 적극적인 구매가 일어나진 않지만, 그래도 매년 100만 원에서 200만 원, 300만 원으로 늘어나는 추세가 보인다고 한다.

오디오북은 성우를 쓰는 비용이 큰데, 작가가 성우 역할을 해보기도 하고, 연극배우를 써보기도 하고, 편집자가 해보기도 하면서 비용을 어떻게 낮출지 계속 고민 중이다. 통째로 제작 외주를 주면 출판사의 경험이 쌓이지 않는다. 경험상 전자책보다 오디오북 시장의 증가세가 빠른 것 같다. 아직 오디오북 제작은 2년밖에 안 되어서 비교하긴 어렵지만, 매출이 조금씩이나마 나오고 있다.

오디오북은 앞으로 구독모델이 대세가 될 것 같다. 책 읽어주는 앱 '윌라'나 '스토리텔', '밀리의 서재'가 대표적인 오디오북 플랫폼인데, 관심 깊게 지켜보는 중이다.

강수걸 대표는 어릴 때부터 책을 좋아하는 소년이었다. 초등학교 시절 집 근처 부전시립도서관에서 많은 시간을 보냈다. 전집류 백과사전을 첫 페이지부터 끝까지 읽는 독특한 독서습관을 갖고 있던 소년은 세계 각국의 이야기를 담은 이원복 화백의 만화책, 요산 김정한 선생의 에세이 '낙동강의 파수꾼' 등으로 확장됐고, 1986년 부산대학교 법학과에 입학하면서 사회과학 서적에 매료되었다. 80년대 시대적 상황 속에서 '민중불교'를 앞세우던 불교학생회 생활을 하면서 전국에서 열리는 각종 집회에 참여하기도 했다. 그 시절 학교 앞 서점 산지니는 '젊은 혈기로 뜨겁기만(?) 했던 세계관을 차곡차곡 다듬어 갈 수 있'(2017년 제주한국지역도서전 기념도서)게 해주었다.

대학 졸업 후 대기업인 두산중공업에 입사해 법무팀과 구매부서에서 일했지만, 사회참여에 대한 갈증을 억누를 수 없었다. 결국 그는 10년 만에 직장을 그만두고 출판사를 차리기로 했다.

"우리 사회가 갖고 있는 문제를 드러내고, 조금이라도 도움이 되는 책을 내고 싶습니다."(『지역에서 행복하게 출판하기』)

"문화의 지역화와 문화민주주의의 심화에 도움이 되며, 무엇보다도 이 땅에 사는 사람들의 행복에 도움이 되는 책을 만드는 출판사가 되는 것을 목표로 하고 있습니다."(『2020 산지니 도서목록』)

산지니는 그런 창업정신으로 꾸준히 우리 사회의 문제를 드러내는 책을 내왔다. 강 대표는 2005년 창업 초기, 일면식도 없는 조갑상 교수를 찾아갔다. 부산 문단 역사에 대표적 인물인 요산 김정한 선생의 평전을 써보시는 게 어떠냐고 제안했다. 그가 요산 선생 제자이자 김정한 연구로 박사학위를 받은 소설가이기에 가장 적합한 인물이라고 생각했다.

조갑상 교수는 당장은 시기상조라며 완곡히 거절했으나 몇 달 뒤 원고를 한 편 보내왔다. 그렇게 해서 나온 책이 '소설 속을 걸어 부산을 보다'라는 부제가 붙은 『이야기를 걷다』였다. 이호철의 『소시민』 배경이 된 완월동, 조명희의 '낙동강', 김정한의 '모래톱 이야기'에 나오는 구포다리와 을숙도 등 부산 곳곳을 돌아다니며 소설의 현장을 살펴보고, 소설의 배경이 되었던 그 시대와 지금의 변화된 모습을 추억하는 책이다.

그렇게 인연이 된 조갑상 교수는 이후 소설집 『테하차피의 달』, 장편소설 『밤의 눈』도 산지니에서 출간하게 된다. 『밤의 눈』은 6·25 전쟁 당시 가상의 공간 대진읍을 배경으로 국민보도연맹과 관련한 민간인학살을 다룬 소설이다.

이후 『이야기를 걷다』는 문화예술위원회 우수문학도서로 선정됐고, 『밤의 눈』도 우수문학도서로 선정됨과 동시에 한국문학계 최고의 영예인 '만해문학상' 수상작으로 선정됐다. 『테하차피의 달』도 문화관광부 우수교양도서로 선정됐다.

2015년 산지니가 펴낸 최영철 시인의 시집 『금정산을 보냈다』가 박근혜 정부의 블랙리스트에 올라 정부의 우수도서 선정에서 배제되는 일도 있었다. 세월호를 다룬 '난파 2014'라는 시가 실렸다는 이유였다.

"시장성이 약하다는 이유 때문에 지역의 자산 문화콘텐츠들이 소멸될 위기에 놓여 있지 않습니까? 거기에 파수꾼 역할을 하는 데가 지역출판사라고 생각합니다. 지역출판사가 내는 지역콘텐츠로 종다양성이 확보되고 그게 모이다 보면 한국출판이 건강해지는 게 아닐까 생각합니다."

산지니 강수걸 대표

산지니는 블랙리스트에 오른 다른 출판사들과 함께 정부를 상대로 손해배상 소송을 제기해 2021년 8월 법원으로부터 승소를 이끌어냈다. 법원은 800만 원의 손해를 배상하라고 판결했다.

기막힌 일은 이 시집이 2015년 '한 도시 한 책 읽기 운동' 차원에서 부산시민 투표를 거쳐 '원북원 부산도서'로 선정된 책이었다는 사실이다. 시민들이 뽑은 책이 박근혜 정부에서는 '불온서적'이 된 것이다.

산지니의 책 중『금정산을 보냈다』외에도 2020 이국환 산문집『오전을 사는 이에게 오후도 미래다』가 '원북원 부산도서'로 선정됐다. 덕분에『금정산을 보냈다』는 부산시교육청이 1만 부를 구매했고, 이국환 산문집은 3000부를 구매해 출판사에 큰 도움이 됐다.

지금까지 산지니가 펴낸 책 중에서 170여 종이 각종 기관·단체의 상을 받거나 선정도서가 됐다. 전체 출간종수의 28%에 이르는 성적이다. 서울의 유수 출판사와 비교해도 결코 뒤지지 않는다.

산지니는 부산 출판사라는 지역 정체성도 놓지 않았다. 2005년 설립 후 낸 첫 책 두 권이 모두 부산 콘텐츠로 만든 책이었다.『영화처럼 재미있는 부산』(김대갑),『반송 사람들』(고창권)이 그것이다. 두 저자는 한 번도 책을 낸 적이 없는 분들인데, 산지니를 통해 작가로 데뷔한 케이스다.

지역출판으로 먹고살 수 있을까

부산일보 박종호 기자가 쓴 『부산을 맛보다』는 해외수출 1호가 된 책이다. 서일본출판사가 초판 인쇄부수 3000부, 정가 1260엔으로 하여 일본어로 번역 출간했다. 인세는 5000부까지 6%, 이후 7%로 계약했는데, 선인세로 15만 엔을 받아 저자와 출판사가 배분했다.

산지니 해외수출 도서

이후 『지역에서 행복하게 출판하기』는 대만에 수출됐고, 어린이 책 『해오리 바다의 비밀』은 중국에 수출됐다. 과학 그림책 『침팬지는 낚시꾼』은 태국에 수출됐다.

강 대표는 "우리나라 어린이 책이 해외에서 경쟁력이 있다"며 "어린이 책 비중을 늘리면 수출도 계속 늘어날 것으로 본다"고 말했다. 산지니도 그동안 20여 권의 어린이 책을 냈다.

그동안 가장 많이 팔린 책은 아무래도 '원북원 부산도서'로 선정된 두 권의 책이다. 둘 다 1만 권 넘게 나갔다. 만해문학상을 받은 『밤의 눈』은 7000부 정도 나갔다.

산지니 직원은 10명인데, 편집자가 8명, 디자이너가 2

명이다. 연간 40종 정도의 책이 나오는데, 그 정도 인력으로 어떻게 가능할까 물었더니 "오랫동안 책을 만들어오면서 루틴이 잡히면 작업이 빨라진다"고 설명했다.

요즘 강 대표의 고민은 산지니 책들이 어렵다는 말이 있어서 좀 더 읽기 편하고 대중이 쉽게 소화할 수 있는 책을 어떻게 만들까 하는 것이다. 그래서 표준화된 방식에서 벗어나 고정관념을 깨는 실험적인 책을 구상 중이다.

그가 생각하는 지역출판의 의미는 뭘까?

"시장성이 약하다는 이유 때문에 지역의 자산 문화콘텐츠들이 소멸될 위기에 놓여 있지 않습니까? 거기에 파수꾼 역할을 하는 데가 지역출판사라고 생각합니다. 지역출판사가 내는 지역콘텐츠로 종다양성 확보가 이뤄지고 그게 모이다 보면 한국출판이 건강해지는 게 아닐까 생각합니다."

그에게도 '지역출판으로 먹고살 수 있을까'라는 질문을 던졌다.

"가능하다고 봅니다. 저희 출판사가 망하지 않고 17년을 버티고 있는 걸 보면 지역출판으로 먹고살 수 있습니다. 그리고 지역출판사들이 연대해서 정부를 상대로 지역출판의 필요성과 중요성을 계속 알리고 시민들도 인정하게 된다면 더 나아지지 않을까 생각합니다."

-지금 행복하신가요?

"코로나 때문에 다 힘든데 행복하다고 말하긴 그렇지만, 하고 싶은 일을 하고 있으니 행복하다고 봐야겠죠. 책을 통해서 행복한 사회를 만들겠다면, 우리 스스로도 행복한 환경을 만들어야겠죠. 올해 직원들에게 연차휴가 외 다섯 개휴가를 더 주고 있는데, 실현가능한 범위 내에서 노력한다면 행복한 출판이 가능할 것 같습니다."

취재 중 전화를 했더니 강수걸 대표는 서울국제도서전에 참가 중이었다. 그는 거기서 의외의 독자를 만났다고 했다. 지난 2월 『바그너 읽기』(김윤미)라는 책을 냈는데, 한 독자가 그걸 읽고 감동을 받았다며 산지니 부스까지 일부러 찾아와 대표의 사인을 부탁하더라는 것이다. 그것도 나와 강대표간의 긴 통화가 끝날 때까지 기다렸다고 한다.

"도서전에 오면 이런 독자가 꼭 있더라고요. 사실 당장 시장성이나 상업성은 없는 책이었는데, 이렇게 책의 가치를 알아주는 독자를 만나면 고맙고도 뿌듯하죠."

호밀밭이 주최한 출판편집자 양성과정 호모에디투스

록커 출신 사장의 유쾌한 실험과 도전 호밀밭출판사
장현정 대표

'호밀밭출판사'(호밀밭)의 홈페이지(https://homilbooks.com) 회사소개 페이지에는 전 직원의 명단과 직책이 각자의 아바타 이미지와 함께 공개되어 있다. 장현정 대표이사, 박정오 에디터(팀장), 임명선 에디터(문학객원), 허태준 에디터(인문), 하은지 에디터, 최효선 디자이너(팀장), 전혜정 디자이너, 전유현 디자이너(웹), 박규비 디자이너, 최민영 PD, 문건호 PD(객원) 등이 그들이다. 다른 출판사에서는 보기 드문 모습이었다.

"출판사는 직원 개개인이 모두 브랜드가 되어야 한다고 생각해요. 그래서 저에게 들어오는 외부 강의 요청도 가급적 직원들에게 연결시켜 주려고 하는 편이죠."

장현정(1975년생) 대표의 설명이었다. 과연 호밀밭 블로그(https://blog.naver.com/homilbooks)에는 책 출간 소식뿐 아니라 '에디터의 하루', 에디터 L&J with PD C의 '호밀 한 줌' 등 직원들이 쓰는 글이 연재 형식으로 올라오고 있다. 직원이 대표를 인터뷰해 올린 글도 있다. 이처럼 호밀밭 직원들에게는 책 만드는 일만 아니라 글쓰기도 일의 일부인 듯했다.

블로그에는 469개의 글이 있고, 이와 별도로 페이스북, 인스타그램, 브런치, 유튜브 채널도 운영하고 있었다. 특히 직원 중 PD 직함을 가진 2명이 눈에 띄는데, 온라인 미디어 전반을 담당하고 있다고 한다.

또 2020년에는 독자적인 글쓰기 연재 플랫폼 'Bu-rite'(http://www.bu-rite.com)를 론칭했다. 매주 한 편씩 글을 연재할 사람들을 모집하고, 호밀밭 편집자가 멘토가 되어 글에 대한 피드백을 해주는 시스템이다. 'Bu-rite'는 '부산(Busan)'과 '쓰다(write)'를 합친 말로, 호밀밭의 작가 양성 및 발굴 노력 중 하나다. 멘토 4명의 지속적인 관리 및 피드백을 통해 참가자가 8주간 8편의 글을 쓰는 프로그램으로, 워크숍을 제외한 전 과정은 온라인으로 진행하며, 피드백을 주고받는 과정은 홈페이지에 게시된다. 그렇게 연재된 글을 모아 책 출간으로 이어지는 프로젝트다.

이처럼 호밀밭은 독자와 만날 수 있는 접점을 늘리고,

지역출판으로 먹고살 수 있을까

나아가 독자들이 작가로 발돋움할 수 있도록 다양한 실험을 해왔다. 장 대표는 이를 '아래로부터의 출판'이라고 표현했다.

2018년에는 '호밀밭 SNS 서포터즈'를 모집, 독서모임과 글쓰기 모임, 독자 서평, 출간 전 모니터링, 북토크 현장 스태프 등 독자들과 함께 다양한 온·오프라인 활동을 진행했고, 2019년에는 '출판편집자 양성과정: 호모 에디투스'를 열었다.

또 2020년에는 호밀밭 브런치를 개설해 독자가 집필에 참여하는 연재 플랫폼으로 운영했고, 그 결과 2명의 신인저자를 발굴해 책을 출간했다. 『오늘도 만나는 중입니다』(우동준), 『교복 위에 작업복을 입었다』(허태준)가 그렇게 해서 나온 책이다.

특히 『교복 위에 작업복을 입었다』를 쓴 허태준은 부산기계공고 재학 중 현장실습생을 거쳐 산업기능요원으로 지역 중소기업에서 3년 7개월간 근무한 경험을 진솔한 목소리로 담아냈다. 현장실습생 청년노동자 당사자의 진솔한 목소리를 담은 최초의 책이기도 하다. 〈경향신문〉과 〈한겨레〉신문에 소개됐고, 판매실적도 꽤 높은 편이다. 허태준 작가는 출간 이후 장현정 대표의 제안으로 올해 3월부터 호밀밭에 입사, 에디터로 근무하고 있다

호밀밭은 최근 또 한 번 새로운 실험을 시작했다. 책을

중심으로 한 온라인 문화플랫폼 '호×두 HODOO'(호두)를 론칭했다. 호두는 '구독경제 유료 서비스'로, 엄선한 저자들의 연재콘텐츠와 각종 굿즈를 구독자에게 정기적으로 배송한다. 월구독료는 4500원부터 시작하는데, 연내 100명을 목표로 잡고 있다.

이런 실험과 도전을 진두지휘하고 있는 장현정 대표는 록커(Rocker) 출신이다. 고등학교 시절부터 스쿨밴드를 했던 그는 1998년도에 데뷔작을 발매한 록밴드 앤(Ann)의 보컬리스트였다. 데뷔작 'Skinny Ann's Skinny Funky'는 당시 평단에서 선정한 '대한민국 대중음악사 100대 명반' 88위에 올랐던 작품이다. 지금도 네이버 인물검색에는 '가수 겸 작가'로 나온다.

광주 출생인 그는 5·18광주항쟁 이듬해인 1981년 가족과 함께 부산으로 이주했다. 그의 나이 다섯 살 때였다. 부산에서 초중고등학교를 나온 그는 경성대 경제학과에 들어갔으나 한 학기를 다닌 후 돌연 자퇴를 한다. '4년제 대학만 들어가라, 그 뒤론 네가 알아서 살아라' 하시던 부친의 말씀을 따랐다는 것이다.

"그 당시 밴드를 하던 친구들은 다들 학교를 그만두는 게 일반적이었어요. 그래서 그 친구들이 밴드 이름을 커팅클래스라고 지었죠. 학교를 자른다는 의미였는데, 나중에

지역출판으로 먹고살 수 있을까

알고 보니 'Cutting Class'는 '계급 타파'라는 뜻이라더군요. 어쨌든 그러고 나서 한참 뒤 대학에 복학해 졸업은 했죠."

이후 군대를 제대하고 록밴드 앤에서 활동하던 그는 2001년 문득 이 일을 평생 할 수는 없겠다는 생각이 들었고, 부산으로 귀향한다. 하지만 막상 음악을 안 한다고 생각하니 공허했다. 공허한 마음을 달래준 건 다름 아닌 책이었다. 그는 수영구도서관에 틀어박혀 닥치는 대로 책을 읽었다. 그렇게 지식을 습득하는 재미가 생겼다. 뒤늦게 공부하는 재미에 빠진 것이다. 부산대 사회학과 대학원에 진학했다. 정말 열심히 공부했다.

그는 석사과정을 마치고 일을 시작했다. 낮에는 학원 강사, 주말에는 영어 과외, 그 외에 방송작가도 겸하며 3~4가지 일을 동시에 해나갔다. 2005년에는 결혼을 했고 아이도 낳았다. 그의 아내도 뮤지션 출신이다. 싱어송라이터 윤진경이 바로 장 대표의 아내다.

장현정 대표를 인터넷에서 검색해보면 '쉽게 장르를 규정하기 힘든 문화인', '음악, 시나리오와 극본, 방송, 사회적 기업, 문화기획, 강연, 출판. 못 하는 것 빼곤 다 할 줄 아는 팔방미인'이라는 표현이 나온다. 워낙 다양한 경력이 많아서 일일이 소개는 이쯤에서 생략한다.

어쨌든 그는 일과 공부를 병행하며 박사과정까지 마친

후 "읽고 쓰는 일을 계속 할 거라면 출판사를 가지는 게 좋겠다"는 생각으로 호밀밭을 열었다. 그때가 2008년 11월 12일이었다. 처음엔 직원도 없이 1인 출판사로 시작했다. 그는 2017년 제주 한국지역도서전 기념도서에서 출판사를 시작한 계기에 대해 이렇게 말했다.

"2004년 서울에 있는 한 출판사와 계약을 하고 책을 내는 과정에서 느낀 자괴감 같은 것도 한몫했다. 밴드활동을 그만두고 부산에 돌아온 것이 서울이 싫어서였는데 다시 원하는 바를 이루기 위해 서울로 가야만 하는 현실이 안타깝고 짜증스러웠다. 어째서 부산에서는 안 되는가, 왜 서울까지 가야만 하는 건가. 여러 의문이 들었다. 그때부터 아주 희미하게 언젠가 부산에서 출판사를 만들어야겠다는 생각을 갖게 된 것 같다."

찾아보니 2004년에 그가 낸 책은 『노골적이며 발칙한, 게다가 즐거운 사전』(경향미디어)라는 에세이로 분류된 책이었다. 호밀밭을 설립하고 낸 첫 책도 장 대표가 직접 쓴 『소년의 철학』이었고, 이후에도 꾸준히 글을 써 『록킹 소사이어티』, 『무기력 대폭발』, 『아기나무와 바람』 『이수현, 1월의 햇살』을 펴냈다. 이수현은 일본 유학 중 선로에 떨어진 일본인을 구하다 목숨을 잃은 의인인데, 장 대표는 생전 이수현이

지역출판으로 먹고살 수 있을까

"출판사는 직원 개개인이 모두 브랜드가 되어야 한다고 생각해요. 그래서 저에게 들어오는 외부 강의 요청도 가급적 직원들에게 연결시켜 주려고 하는 편이죠."

호밀밭 장현정 대표

유학을 떠나기 직전 함께 밴드 활동을 했던 인연으로 이 평전을 썼다.

음악 활동을 하다 작가와 출판인으로 전향하게 된 것은 원래부터 그에게 글쓰기 DNA가 있었던 것 같기도 하다. 광고업을 하셨던 아버지나 시인이 되고자 했던 어머니도 곧잘 글을 썼다고 한다.

다행히 첫 책 『소년의 철학』을 낸 뒤 여기저기서 강연 요청이 잇따랐고 책도 잘 나갔다. 4쇄 4000권을 다 팔고 개정판을 준비 중이다. 덕분에 다음 책을 만드는 비용을 확보할 수 있었다.

그 이후에 펴낸 책들도 대부분 2쇄~3쇄 정도의 성적을 거뒀다. 또 다양한 기관의 우수도서 및 추천도서로 선정되는 비율도 높아졌다.

용기를 내어 2014년 처음으로 직원을 채용하기 시작해 매년 추가로 뽑다 보니 지금은 대표를 포함 11명에 이를 정도로 규모가 커졌다.

지금까지 총 출간종수는 190여 종이다. 연말까지 200종이 넘을 것으로 보고 있다. 온라인서점 알라딘에서 검색해 보니 2020년 28종, 2021년 9월 현재 18종이 나왔다.

『요시다 쇼인 시대를 반역하다』, 『교복 위에 작업복을 입었다』, 『서툴다고 말해도 돼』 등은 1만 부 가까이 팔리기도 했다. 장 대표가 직접 쓴 『록킹 소사이어티』도 꾸준히 팔리는 책이다.

2020년부터는 어린이 책도 만들기 시작했다. 『바오바브 나무의 선물』 등 6권의 동시·동화집이 나왔다.

장 대표에게 가장 애착이 가는 책은 뭘까?

"많죠. 『다르지만 같은 노래』의 경우 에피소드가 많습니다. 9개 나라에서 온 다문화합창단 단원들의 이야기인데, 당시만 해도 다문화가정에 대해서는 교수님들이 쓴 이론 책만 있을 때였죠. 4쇄까지 6000부 정도 팔렸는데 저자가 경기도 부천에 계신 분이어서 왔다 갔다 하면서 만나고 소통하며 만들었어요. 오가는 열차 안에서 교정을 보면서 울컥하기도 했죠. 만드는 과정이 즐거웠어요. 최근에는 『교복 위에 작업복을 입었다』, 『꿈꾸는 유령 방과 후 강사 이야기』도 처음에 제가 출판사를 만들 때부터 내고 싶었던 주제의 책이어서 애착이 갑니다."

가장 큰 보람은 새로운 저자를 발굴하여 작가로 데뷔시킴으로서 새로운 삶을 살 수 있도록 하는 일이다. 『교복 위에 작업복을 입다』의 허태준 작가가 그런 케이스로 볼 수 있다. 또한 부산에서 문화예술로 재미있게 일할 수 있는 직장이 별로 없는 상황에서, 많지는 않지만 재능 있고 상상력도 풍부한 젊은 친구들이 일할 수 있는 일터를 제공하고 있다는 것도 보람 있는 일이다.

홍보 판촉물 외주사업은 하지 않는다. 다만 문화재단이나 연구단체 등 공공기관과 협업으로 책을 만들거나 연구용역, 문화기획사업 비중은 좀 되는 편이다. 그래서 학술 에디터도 있다. 연구용역에서 1억 원, 문화기획에서 1억 원 정도로 전체 매출 중 40% 정도다.

2020년 연간 매출은 4억 원, 2021년은 6억 원 정도로 예상된다. 6억 원 중 출판 매출이 3억 5000만 원 정도로 절반이 넘는다.

지역출판으로 먹고살 수 있는지 물었다.

"어떻게 하느냐에 따라 다른데, 출판 종수를 줄이더라고 좀 타이트한 경영을 하면 먹고살 순 있을 거고요. 부가가치가 크다거나 미래가 밝다고 자신할 순 없지만, 전자책이나 오디오북 같이 하나의 콘텐츠로 여러 가지로 활용하는 기회가 많아지고 있기 때문에 그런 게 지역출판에는 기회라고 생각하죠."

그가 생각하는 지역출판은 뭘까?

"지역에 있다고 해서 지역 저자나 지역 이야기를 의무적으로 해야 할 필요는 없다고 생각하고요. 똑같은 컨텐츠를

호밀밭에서 정기적으로 진행했던 북토크 장면

다루더라도 지역색이 묻어 있을 것이고, 그게 로컬리티와 통한다고 보고요. 지역에서 출발해서 그 경계를 허물고 영역을 확장해야 한다고 생각합니다."

마지막으로 지금 하는 일이 행복한지 물었다.

"운이 좋은 편이죠. 요즘 고생하시는 분들이 너무 많고, 먹고살기 위해 하기 싫은 일을 하는 사람도 많은데, 저는 제가 선택한 일을 재밌게 하고 있는 편이라서 행복하다고도 할 수 있겠네요."

전라북도

⌂

내일을여는책이 펴낸 책들

내일을여는책
김완중 대표

'내일을여는책'은 전라북도 장수군 팔공산 자락 송학골 귀농·귀촌마을에 있는 1인 출판사다.

그런데 산골에 있는 작은 출판사치고는 지금까지 낸 책의 면면이 만만찮다. 베스트셀러가 된 책도 있고 스테디셀러도 꽤 보인다. 요즘 출판업계에선 인문교양도서의 경우 1만 부가 넘어가면 보통 베스트셀러로 본다.『개성공단 사람들』은 3만 부 가까이 팔렸고, 어린이책『가짜뉴스를 시작하겠습니다』는 1만5000부가량 팔렸다. 역시 어린이책『내 말 한마디』와『안녕, 밥꽃』,『이솝우화, 거리 두고 읽기』, 그리고『착한 민영화는 없다』도 꾸준히 잘 나가는 책이다.

덕분에 내일을 여는 책은 홍보물 디자인이나 공공기관의 제작대행 등 다른 수익사업 없이 오로지 책 판매로만 흑자를 내는 흔치 않은 지역출판사다.

이는 출판업계에서 잔뼈가 굵은 김완중(1965년생) 대표의 탁월한 기획력 덕분으로 보였다. 김 대표는 어떤 책을 낼지 기획하고 저자를 발굴하며 책을 홍보한다. 편집자와 디자이너 역할은 오래 함께해온 프리랜서에게 외주를 준다. 그의 아내 '장수댁'은 관리실장이다. 회계와 세무 등 행정업무를 담당한다. 장수댁은 젊을 때부터 세무회계 분야에서 일해온 경력이 있어 숫자에 약한 김 대표에게 큰 힘이 된다. 하지만 월급을 주지 못하니 피고용인은 아니다.

지금은 대전광역시가 된 옛 대덕군 농촌마을에서 태어난 김완중 대표는 고향에서 초중고등학교 시절을 보낸 후 한국외대 스와힐리어학과에 진학했다. 생소하기 짝이 없는 '스와힐리어(아프리카 동부에서 널리 쓰이는 반투어군 언어)'를 전공하게 된 이유는 뭘까? 여기서 이분의 엉뚱한 면이 드러난다.

"아, 제가 타잔을 엄청 좋아했거든요. 어릴 때 동네에서도 소문난 타잔이었어요. TV영화 타잔 그거 있잖아요. 치타, 제인, 시간 나면 산에 가서 나무 타고 밧줄 매달아서 날아다니고, 그렇게 타잔놀이 하면서 컸어요. 그때 아프리카에 관심을 갖게 됐죠."

하지만 스와힐리어 전공으로 취직은 쉽지 않았다. 어쩌다 기자 아카데미를 수료하고 경기도의 한 신문사에 편집기

지역출판으로 먹고살 수 있을까

자로 입사했다. 그러나 노사분규로 해고된 후 아는 선배가 창업한 출판사에 놀러 갔다가 술자리 꼬임에 빠져 그 출판사에 입사하게 됐다. 그렇게 출판과 인연을 맺은 김완중 대표는 또 다른 신문사 편집기자를 잠시 거쳐 1995년 서울의 중견 출판사 '뜨인돌'에 마케팅 담당으로 정식 입사, 상무이사 자리까지 올랐고, 2013년 1월 퇴사하기까지 18년을 일했다.

그는 줄곧 마케터로 일했지만, 단순히 거래처 관리만이 아니라 기획과 아이템 선정, 편집 과정에도 마케터가 함께하면서 홍보전략을 수립해야 한다고 생각했다. 그렇게 출판업계의 마케터로 잔뼈가 굵은 그는 2009년 한국출판인회의 올해의 출판인 마케팅부문상을 받기도 했다.

그는 퇴사 후 2013년 7월 25일 전북 장수군으로 귀촌하면서 후배가 맡고 있던 내일을여는책을 인수했다.

"1993년 전교조 1세대 선생님들이 참교육의 열정으로 설립돼 〈처음처럼〉이라는 잡지도 내고 교육 관련 단행본을 내던 출판사였는데, 한동안 책을 내지 못해 이름만 살아 있는 상태였어요. 알던 후배가 맡고 있다가 저에게 넘긴 거죠. 행정상으로만 인수한 셈인데, 제가 세 번째 대표가 된 거죠."

다행히 평소 남편보다 책읽기를 더 좋아했던 아내도 동의해주었다. 그렇게 장수에 안착한 부부는 1년에 4종 정도, 내고 싶은 책만 내면서 쉬엄쉬엄 살아가려 했다. 그래서 처음엔 오미자 농사도 함께 지었다. 그런데 어쩌다 보니 4종이 7종이 되고, 10종이 되었다. 2020년까지 60종이 나왔고, 올해도 9월까지 벌써 9종이 나왔으니 연말에는 총 70종이 너끈히 넘을 것 같다. 내는 책이 늘어나니 바빠서 농사는 접었다.

첫 책은 통일운동가이자 세계적인 수학자인 안재구 박사의 현대사 기록 『끝나지 않은 길』이었다. 1·2권으로 나온 이 책은 새로 출발한 내일을 여는 책의 방향성을 잡아준 책이다.

베스트셀러가 된 『개성공단 사람들』의 기획은 2014년 가을에 시작됐다.

"개성공단은 이미 통일된 공간이었잖아요. 그런데 통일 통일을 이야기하면서 개성공단을 제대로 아는 사람이 없는 거예요. 답답했죠. 그래서 개성공단 사람들 이야기를 좀 내보자 하여 2014년 늦가을에 아는 선배를 만나 개성공단에서 일하는 남북 노동자들의 생활과 현장의 모습을 담아내자는 제안을 하고 팀을 꾸리기 시작했죠."

4년여 동안 남측 핵심 인물로 개성공단에서 상주했던 김진향 카이스트 교수가 이 작업 얘기를 듣고 발 벗고 나서기로 해 입주기업과 직원들을 연결하고 1년 남짓 인터뷰를 진행했다. 조심스럽고 수없는 난관을 거쳐 마침내 2015년 6월에 최초로 남측 근로자들이 입을 연 『개성공단 사람들』이 나왔다.

　　이 책은 우리겨레하나되기운동본부와 민주노총이 통일 독후감대회 도서로 선정하면서 순식간에 3000부 넘는 주문이 밀려들며 주목을 받았다. 2016년 2월 개성공단이 문을 닫았을 때도 개성공단이나 통일 관련 도서로 더욱 관심을 받았다. 지금까지 3만 부 정도 팔렸다. 개성공단이 다시 열리면 2탄으로 북측 노동자들의 인터뷰를 담아낼 계획이다.

　　2018년 3월에 나온 『이등병의 아빠』는 군인권운동가인 고상만과 그의 아들 고충열이 쓴 군 의문사에 대한 가슴 아픈 이야기와 현역을 마친 아들의 생생한 군생활 리포트이다. 예전 같으면 국방부 금서에 오를 책이다. 그런데 웬걸, 국방부 장관이 직접 저자를 불러 "이 책은 지금 군에서 꼭 봐야 합니다. 고맙습니다" 하더니 국방본부에서 500여 부를 주문했다. 그 뒤 각 여단이나 사단에서 주문이 줄을 이었다. 초판 2000부가 한 달 안에 다 소화되는 '기적'이 일어났다.

　　2019년 통일을 주제로 다룬 책 『좌충우돌 아줌마의 북맹탈출 평양이야기』도 5000부 이상 팔렸다. 이렇게 1만 부는 안 되지만 5000부가 넘는 책들이 꽤 있어 출판사 수익에 큰 도움이 된다.

2020년 5월에 나온 『한국민중항쟁답사기 광주·전남 편』도 김완중 대표의 기획이다. 유홍준이 쓴 『나의 문화유산답사기』를 많은 사람이 읽었는데, 민중항쟁이 일어났던 장소에 대한 기록도 있어야 하지 않겠냐는 생각이었다.

"문화유산 답사나 고적 답사 이런 건 많잖아요. 삼국시대나 고려시대는 찾아가면서 정작 우리 현대사의 흔적들은 그냥 스쳐 지나간단 말이에요. 그리고 현대사 흔적들은 빨리 없어져요. 조선시대나 삼국시대는 보존을 하려고 하잖아요. 현대사의 흔적은 재개발이나 그런 걸로 그냥 사라지고 있단 말이에요. 그러한 민중들이 항쟁을 했던 거리와 건물들을 우리가 한 번 돌아보자는 취지였죠. 사실은 이게 청소년들이 많이 봤으면 하는 책이에요. 물론 어른들도 관심 없는 사람들은 몰라요. 내 주변 내 이웃들의, 치열했던 민중들의 항쟁으로 세상이, 역사가 이렇게 바뀌었구나, 여기서 그런 일이 있었구나. 그리고 여기서 또 다른 일이 있었구나."

하지만 책이 생각보다 잘 팔리지는 않는다. 〈한겨레〉 신문에 광고도 냈지만, 큰 효과는 없었다.

"광고를 보고 전화는 많이 왔어요. 폼 잡기는 좋았죠. 본전을 못 뽑아도 이건 제가 하고 싶어서 하는 거니까 부산·경남, 대구·경북도 해야 하고, 북녘과 만주도 해야죠. 이게 출판의 맛이라고 생각해요."

하지만 다음 편은 쉽지 않을 듯하다. 광주·전남편이 워낙 알차게 잘 나와서 다른 지역 저자들이 부담스러워할 것 같아서다. 이혜영 저자의 꼼꼼한 취재와 풍부한 사진, 지도, 답사정보에다 연표까지 보통 공이 들어간 책이 아니었다.

2021년에 출간된 『국가가 위기다』는 국가(國家)가 아니라 국가(國歌)를 다룬 책이다. 세계 각 나라 국가의 출생 비화를 다루고 있다. 이 책은 1쇄 2000부를 찍었는데, 나오자마자 청소년 독후감대회 도서로 선정되면서 2쇄를 준비 중이다.

『청년의 죽음, 시대의 고발』은 윤동주 시인부터 제주 4.3 희생자, 보도연맹 희생자, 김주열·전태일·윤상원·이한열·김귀정 열사 등 한국현대사에서 죽어간 희생자들을 다루고 있는 책이다. '젊은 영혼들에 빛진 한국 현대사'라는 부제가 붙은 이 책은 다소 무겁고 슬픈 주제라 그런지 들인 공에 비해 생각보다 많이 나가지 않는다.

그래도 지금까지 나온 70여 권의 책 가운데 절반 이상은 2쇄 이상 찍었다. 출판계 사정에 밝은 산지니 강수걸 대표에 따르면 한국에서 최근 출간된 책 가운데 20%만 2쇄 이상을 찍고, 나머지 80%는 1쇄에 그친다는 통계가 있다고 한다. 그렇다면 내일을 여는 책은 아주 상위권 성적이다.

김완중 대표는 '내일을 여는 어린이'라는 시리즈로 이른바 '인문사회동화'를 꾸준히 출간하고 있는데 이것도 반응이 좋은 편이다. '인문사회동화'란 김 대표가 '생활동화'와 구별하기 위해 붙인 이름인데, 예컨대 자본주의, 노동, 인권, 언론, 보신탕, 핵발전소, 토지, 동물, 우울증, 구제역 등 우리 사회의 다소 무거운 주제를 어린이들이 이해하기 쉽게 동화로 꾸민 것이다.

2014년 시리즈 1권으로 나온『보신탕집 물결이의 비밀』은 보신탕집에 사는 아이가 받는 사회 편견, 고유한 음식 문화, 그리고 생명에 대한 경외심을 주인공의 생생한 심리와 버려진 개들의 목소리로 쉽고 재미있게 들려준다. 어린이가 읽는 동화에서 어떻게 보신탕을 다루느냐며 반대하는 사람이 많았지만 의외로 많이 팔렸다. 보통 1쇄마다 1000권 정도를 찍는데, 이 책은 6쇄까지 나왔다.

역시 시리즈 15권째로 나온 동화『가짜뉴스를 시작하겠습니다』는 2020년 가장 많이 팔린 책이다. 2만 권까지는 족히 팔릴 것으로 보고 있다.

폐교 위기였던 전북 진안의 산골 초등학교를 살려내 '가고 싶은 학교'로 만든 윤일호 교사와 아이들이 함께 쓴『어

지역출판으로 먹고살 수 있을까

"당연히 그래야죠. 제가 갑자기 사고로
죽더라도 출판사가 한 2년은 돌아가야
하잖아요. 그러려면 1년에 열 권씩, 2년이면
적어도 스무 권은 저자와 계약이 미리 되어
있어야죠."

내일을여는책 김완중 대표

른들에게 보내는 경고장』은 2016년 한국지역출판연대 천인독자상 공로상을 받았다.

전북 무주에서 농사를 지으며 글을 쓰는 장영란 작가의 『안녕, 밥꽃』은 김완중 대표가 그의 전작 출판기념회에 갔다가 즉석에서 "어린이 책으로 내자"고 제안해 나온 책이다. 출간 직후 10여 개 기관·단체에서 선정·추천도서가 되면서 4쇄를 찍었다.

특히 윤일호·장영란 두 분은 김완중 대표가 전북에 자리잡지 않았으면 만나지 못했을 작가들이다. 그중 윤일호 교사는 책을 낸 적이 없는 상황에서 김 대표의 권유로 첫 책을 냈고, 이후에도 몇 권의 책을 더 낸 작가가 됐다.

"책이라는 것도 내 생활반경, 내 생각 범위 안에서 아이디어가 나오고 기획안이 나오는 거잖아요. 윤일호·장영란 두 분의 책도 제가 도시에 살았더라면 미처 생각하지 못했을 거예요. 제가 장수에 와서 살면서 삶의 형태가 바뀌다 보니 오히려 생각의 영역이 확장된 거죠."

어린이 책 역시 다른 책과 마찬가지로 오프라인 서점의 매출은 거의 없다. 온라인서점에서 주로 팔리고, 학교와 학원, 독서단체, 도서관 납품 물량이 많다. 그래서 어린이와 청소년 책은 출판사들과 공동마케팅이 필요하다. 목록집도 공

지역출판으로 먹고살 수 있을까

동으로 내고 납품할 때도 공동으로 접촉한다. 그래서인지 내일을여는책에서 나온 책 가운데 어린이 책의 비율은 1/3에 불과하지만, 매출 비중은 어린이 책이 2/3를 차지한다.

하지만 앞으로도 평화·인권·통일·생명존중·공동체 회복 등을 주제로 인문·사회 출판을 계속해나가려 한다. '어제를 기억하고 오늘을 보며, 내일을 여는 책'이라는 내일을여는책의 캐치프레이즈를 실현해나가겠다는 것이다.

80년대의 명저 『해방전후사의 인식』처럼 한국사회에 커다란 영향을 끼친 그런 책을 만들어보고 싶은 꿈은 없을까? 그래서 넌지시 물었더니 아니나 다를까 이런 대답이 나왔다.

"당연히 그런 욕심도 있죠. 그렇잖아도 내년에 해방전후사를 청소년용으로 풀어쓴 책이 나올 겁니다. 미래세대가 우리 역사와 사회를 알아야 한다는 차원에서 청소년 대상 인문·사회 도서가 앞으로 집중적으로 나올 거예요. 자본, 노동, 기후변화, 기본소득 등을 주제로 계속 나올 겁니다. 아마 내후년쯤 되면 어린이 책보다 청소년 책이 더 많아질 수도 있어요."

─아니, 그런 계획이 벌써 다 세워져 있습니까?

"당연히 그래야죠. 제가 갑자기 사고로 죽더라도 출판

사가 한 2년은 돌아가야 하잖아요. 그러면 1년에 열 권씩, 2년이면 적어도 스무 권은 저자와 계약이 미리 되어 있어야죠."

역시 프로였다. 실제 그는 8년 전 장수로 귀촌할 때도 30권의 책에 대한 기획안을 갖고 왔다고 한다. 그런 철저함 덕분인지 2020년 매출이 3억 원에 이르렀고, 처음 몇 년간의 손실도 메워가고 있는 중이다.

-지역출판으로 먹고살 수 있을까 하고 묻는다면?

"저는 그런 공간적인 의미를 두고 싶진 않아요. 우리나라가 미국처럼 넓은 땅덩어리를 가지고 있는 것도 아니고 인구가 수억 명 되는 나라도 아닌데, 굳이 지역출판이라고 한정 지어 생각할 필요가 있나. 오히려 저는 지역에 있지만 지역에 매이지 않았으면 좋겠다. 다만 지역에 있다 보니까 서울에 있을 때에 보지 못했던 것을 볼 수 있는 장점이 있다고 봐요."

-지역이든 서울이든 관계없이 좋은 책만 낸다면 충분히 먹고살 수 있다는 뜻인가요?

"당연히 지역이라는 한계는 있죠. 저도 홍보나 마케팅에서 한계를 많이 느낍니다. 서울지역 출판사들과 함께 공동마케팅도 하곤 있지만, 개별출판사가 극복하고 뚫어야할 부분도 분명히 있기 때문이죠. 하지만 저의 능력이 부족한 탓도 있을 거예요. 그렇다고 잘나가는 출판사를 쫓아가려고 하다 보면 늘 쫓기고 불안하고 만족을 못할 거잖아요. 그래서 욕심을 일정 정도 버리고 제 자신과 타협해야죠. 적정 수준에서 먹고살 수 있고 그러면 되지 않나 싶어요."

　　–지역출판에 대한 지방자치단체의 지원이 아쉬운 건 없나요?
　　"관심이 없어요. 행정과 엮이면 예속되는 것 같고, 더럽고 치사하고, 물론 지원이 있으면 좋겠지만 언론 출판은 자유롭게 해야 한다고 생각해요."

　　–행정기관이 내는 출판물 제작대행을 하면 좀 더 안정적인 수익을 낼 수도 있을 텐데.
　　"그런 걸 할 수 있는 기획사나, 그런 프로젝트 할 수 있는 출판사는 이미 지역에도 많아요. 서울에서 출판하던 놈이 지역에 와서 그럴 빼앗아 먹으면 안 되죠."

　　–출판에 대한 철학이 있다면?
　　"출판은 언론이라고 생각해요. 출판도 저널리스트로서 기본적 자세를 갖고 출판을 해야 하지 않을까, 가치지향점이 그래야 생기지 않을까, 그게 없으면 안 나오니보다 못한 책이 나오게 되죠. 출판의 자유를 추구하면서도 그만큼 책임 있는 공기(公器)의 역할을 해야 하지 않나 생각해요. 그리고 오늘 하루가 책 한 권이라고 말하고 싶어요. 하루에 한 권씩 나온다는 말이 아니라 평소 내가 생각하고 보는 것이 한 권의 책이 된다는 말이죠. 출판은 저널이다. 그리고 하루가 한 권의 책이다."

　-지금 지역에 와서 출판하며 사는 게 행복하신가요?
　"더 이상 바랄 게 없죠. 시골 와서 깨작깨작 내가 하고 싶은 걸 지속적으로 할 수 있다면 이 정도도 감지덕지죠. 여기서 더 바라는 게 있다면 조금만 더 해서 안정적인 구조를 만들어놓고 전국으로 술과 음식 맛보러 다니고 싶어요. 평생 일을 놓을 생각은 없지만 비중을 줄이고 놀면서 하고 싶죠."

　다행히 큰 딸이 요즘 편집디자인을 배우고 있단다. 조만간 2인 출판사가 될지도 모르겠다. 아직 흑자로 전환하기 전에 까먹은 돈 때문에 빚이 남아 있다고 한다. 진심 책이 많이 팔려 내일을여는책이 돈을 많이 벌었으면 좋겠다는 생각을 했다.

　　　　　지역출판으로 먹고살 수 있을까

내일을여는책 사무실 앞에서

책마을해리 동학평화도서관

책으로 세상을 밝히는 공간 책마을해리
이대건 대표

내가 아는 책마을해리 이대건(1970년생) 대표는 흥과 끼가
넘치는 인물이다. 그를 처음 만난 건 2017년 제주도에서 열
린 한국지역도서전에서였다. 당시 한국지역출판연대 '천인
독자상' 공로상에 『돌그물』을 출간한 책마을해리가 선정됐
는데, 판소리 한 대목을 구성지게 부르며 기쁨을 표현하는
모습이 인상적이었다.

그의 그런 흥과 끼가 책마을해리를 예쁘고 재미나는 공
간으로 만들어온 원동력이 아닐까 싶다.

책마을해리는 전국 고창군 해리면 월봉마을에 있는 옛
나성초등학교를 인수해 말 그대로 책마을로 탈바꿈시킨 공
간이다. 단순히 책이 많아서 책마을이 아니라 책과 관련된
거라면 뭐든지 할 수 있는 곳이다. 어린이출판캠프, 청년출
판대학, 시인학교, 그림책학교, 만화학교, 밭매다 딴짓거리,

인문공작소, 미디어학교, 편집디자인스쿨, 책영화학교, 영화 만들기캠프 등 일일이 헤아리기 어려울 정도로 많은 프로그램을 진행한다.

지금부터 출판사는 '책마을해리', 공간으로는 그냥 '책마을'로 표기한다. 공간으로써 책마을은 그림을 그리는 '누리책공방', 책으로 가득 둘러싸인 '책숲시간의숲', 어린이 책이 가득한 '버들눈도서관', 만화책이 가득한 '만화공방', 숙소형 도서관인 '서고앉고누운 책, 동재·서재', '갤러리해리', '마을사진관', 책을 다 읽을 때까지는 나올 수 없다는 '책감옥'까지 있다. 숙소도 갖춰 북스테이도 체험할 수 있다.

다음은 이대건 대표의 책마을에 대한 설명이다.

"책마을은 이름답게 책으로 꾸며진 곳입니다. 이 공간은 단순히 책을 읽기만 하는 곳이 아닙니다. 이곳에서 운영되는 각종 캠프를 통해서 책의 제작 과정을 알 수 있으며, 누구라도 작가가 될 수 있는 곳입니다. 이곳에 들어올 땐 입장료 대신 책 한 권을 구매하면 됩니다."

실제 책도 직접 만든다. 지금까지 책마을해리가 만든 책만 400여 종이다. 이 중 160여 종은 전국 서점을 통해 유통된다. 출판사 브랜드도 3개나 있는데, 인문교양도서는 도서출판 기역(ㄱ)에서, 어린이·청소년 책은 나무늘보, 그림책은 책마을해리 브랜드에서 나온다. 온라인서점 알라딘에서 검색해보니 기역(ㄱ) 77종, 나무늘보 37종, 책마을해리 14종이었다.

'해리'는 책마을이 위치한 곳이 고창군 해리면이라는 이유도 있지만, 누구나 책의 저자가 될 수 있는 마법이 펼쳐진다는 의미에서 마법사 '해리포터'의 바로 그 해리다. 여기서 '촌장'으로 불리는 이대건 대표는 실제 해리포터와 생김새가 많이 닮았고 동그란 안경도 똑같다.

"지금까지 만든 책 400종의 저자가 4200명 정도 됩니다. 우리 책은 함께 만드는 과정에서 나오다 보니 공동저자가 많아요. 대다수는 책마을해리를 통해 저자도 데뷔한 분들이에요. 여기에 오면 누구나 저자가 되는 마법이 일어나죠."

나성초등학교는 이대건 대표의 증조부가 일제강점기였던 1936년 설립해 기부한 학교였다. 그러나 2001년 폐교되었고, 2006년 서울에서 출판사 기획자로 일하던 이 대표가 매입했다. 그후 5~6년 동안 주말마다 오가며 폐교를 가꾸던 이 대표는 42세가 되던 2012년 과감한 결단을 내린다. 서울 생활을 접고 귀향해 본격적으로 책마을을 꾸리기로 한 것이다. 아내도 다행히 동의해줬다. 아내 이영남 씨는 책마을에서 버들눈도서관 관장으로 불리며 편집과 디자인, 회계를 담당한다. 아내와는 서울의 출판사에서 함께 일할 때 숱하게 싸우는 과정에서 정이 들었다.

"고민하는 과정은 있었죠. 과연 50이 넘었을 때 내가 이런 용기를 낼 수 있을까. 지금이 아니면 그런 선택을 할 수 없을 것 같았어요."

그는 고창에서 나고 자랐다. 초중고등학교 시절에서 전라북도 내에서 열리는 백일장을 휩쓸다시피 하며 글재주를 날렸다. 초등학교 시절에는 고전소설을 즐겨 읽었고, 중고등학교 때는 이외수, 이문열 소설을 읽으며 독서토론도 즐겼다. 전교조 전신인 전교협 세대였는 그는 일찌감치 사회과학 책을 접하기도 했다.

서울시립대 국어국문학과에 입학한 그는 군대를 제대하고 복학한 2학년 때부터 출판사 일을 접했다. 고 윤종호 시인을 만난 게 출판과 인연의 시작이었다. 그때가 1994년 가을이었으니 출판경력이 무려 28년째에 이른다. 주로 편집자와 출판기획자로 일했는데, 지금까지 그의 아이디어와 손을 거쳐 태어난 책만 1000종이 넘는다.

초중고등학교 시절 그토록 문재(文才)를 뽐내던 그가 이렇게 많은 책을 만드는 동안 정작 자신의 책은 왜 내지 않았

지역출판으로 먹고살 수 있을까

을까? 검색해보니 2020년 경남 진주 마하도서관에서 비대면 강연을 했는데, 이를 수강한 어떤 이가 블로그에 올린 글에 그의 대답이 있었다.

"저는 편집자예요. 내 이야기보다는 누군가의 이야기를 누군가가 잘 듣도록 매개시키는 사람입니다. 편집자는 그림자입니다. 수많은 세계와 만나서 이 세계를 중재해주는 게 편집자의 역할입니다."(https://blog.naver.com/hahahaha0125/222101806566)

이 말을 수긍하더라도 아쉽긴 했다. '아니! 책마을해리가 그동안 겪어온 이야기만 엮어도 수많은 사람들의 궁금증과 호기심을 해결해줄 수 있는 큰 정보가 될 텐데'라는 생각이 들었다.

"그래서 그런 내용으로 책을 준비하고 있긴 해요. 사실 책마을 모델은 유럽에 많아요. 우리에게 책마을은 유럽과는 좀 다른, 뭐랄까. 책의 소비자·독자가 생산자·저자가 되어보게 하는 의미의 새로운 책마을이거든요. 제가 책마을을 만들면 다른 지역에서도 이런 공간이 많이 생길 것으로 예상했어요. 그런데 안 되는 이유가 뭘까 정리가 필요하죠."

그 책이 나오면 내가 가장 먼저 사 볼 생각이다. 이번 책의 주제가 '지역출판'이다 보니 지금까지 책마을해리가 낸 책이 궁금했다. 그동안 가장 많이 팔린 책은 뭘까?

"흐흐흐. 『상상하는 교실 구글클래스룸』이란 책이죠. 4년 전부터 교사들과 교육콘텐츠 기획해 출판하고 있는데, 편집자들끼리 구글클래스룸을 통해 비대면 온라인 소통을 병행했어요. 그 과정에서 저자를 만나 책으로 출판했죠. 코로나 바이러스가 창궐하기 직전인 2019년 12월이었죠. 그랬는데 몇 개월 후 코로나 사태가 발생하면서 비대면 수업이 전면화했고, 2020년 2월부터 책 주문이 쇄도하기 시작했습니다."

1만2000부 이상이 팔리고 지금도 주문이 이어지고 있는 베스트셀러는 그렇게 탄생했다. 구글클래스룸을 개설하는 것부터 구글클래스룸에서 할 수 있는 수업, 자료 공유, 과제 제시, 교과세특 기록, 평가, 질의응답, 학급운영 등 구글클래스룸에서 가능한 모든 것을 담고 있는 책이다. 이 책의 저자 윤지영 선생님은 슈퍼스타가 됐다.

이 책 말고도 지금까지 교육콘텐츠 기획으로 40여 종의 책이 나왔다. 알라딘에서 보니 대부분 판매지수가 높았다.

"교사들에게 저자가 되어보는 경험을 만들어주고 싶었어요. 교육자로서 자기 존재를 알리는 길이죠. 교사의 삶이 만족스러워지면 교실도 환해지고 아이들도 밝아지고 집도 마을도 밝아지고…. 사실 큰아이가 선생님을 잘못 만나 고생했던 경험이 있었거든요. 선생님 한 분의 삶이 밝아지면 연쇄 작용으로 아이들의 삶도 밝아지리라 생각해요."

유통 중인 160여 권의 전체 판매성적은 어떨까?

"2쇄 이상을 찍은 비율이 10%도 안 될 거예요. 제가 서울서 마지막으로 근무했던 대형출판사가 엄청 상업적이었고 판매실적에 대한 압박으로 시달리면서 다녔던 경험 때문에, 서울 생활을 접고 여기 오면서 상업출판의 틀을 갖고 가려고 하지 않았어요. 그래서 판매실적이나 2쇄를 넘기는 데 큰 의미를 두지 않아요. 그래서 지금까지 나온 책을 보시면 '아이구! 이 짓을 왜 하고 있나' 하는 생각이 들 거예요."

실제 그동안 책마을해리가 낸 책을 보면 상업적으로 팔릴 만한 유명저자의 책은 거의 없다. '누구나 책'이라는 슬로건처럼 그야말로 평범한 사람들이 쓴 책이 대부분이다. 『마을책, 오늘은 학교 가는 날』, 『개념어 없이 잘 사는 법』, 『밭매다 딴짓거리』의 저자는 마을 할머니들이다. '밭매다 딴짓거리'라는 말은 인근 마을 어르신들이 책마을해리에 모여 한글도 배우고 글쓰기와 그림 그리기를 한 데서 나온 말이다. 『여든, 꽃』도 그 어르신 중 한 명인 김선순 할머니의 단독 그림책이다. 다음은 온라인서점 알라딘에서 따온 『여든, 꽃』의 저자 소개 글이다.

"저자 김선순 아짐은 전라북도 고창군 고수면 학골(독실마을)에서 해리면 라성리 월봉마을로 시집오셨습니다. 올해 연세가 여든하나세요. 동네에서는 독실댁으로 불립니다. (…) 책마을마을학교 4년째, 선순 아짐은 날마다 쓰고 그리십니다. 엄마처럼 자신을 돌봐준 큰언니에게, 지난해 사별한 남편에게, 도회지로 나가 살고 있는 자식들에게 그리움과 사랑을 담은 편지를 쓰고 그리십니다. 선순 아짐의 글과 그림을 다듬어 한 권의 그림책으로 만들었습니다. 여든, 꽃…, 여러분 마음에도 다소곳이 피어 아름다운 향으로 전해지길 바랍니다."

잘 팔리지는 않아도 좋은 책은 알아봐 주는 데가 있는 법. 고창여고 학생 12명과 함께 기획하여 만든 『흔들리며, 흔들리지 않고』는 세종도서 교양부문에 선정됐고, 『평화인물전-우리는 이미 평화의 길 위에 서 있다』는 올해 청소년 권장도서로 선정됐다. 2020년과 2019년에도 총 4권이 세종

"그래서 그런 내용으로 책을 준비하고 있긴
해요. 사실 책마을 모델은 유럽에 많아요.
우리에게 책마을은 유럽과는 좀
다른, 뭐랄까. 책의 소비자 · 독자가
생산자 · 저자가 되어보게 하는 의미의
새로운 책마을이거든요."

책마을해리 이대건 대표

도서로 선정됐다.

이대건 대표는 '책을 통해 지역공동화 문제를 해결하고, 지역주민이 문화 생산자가 되도록 했다'는 등 공로로 2019 년 한국의 12번째 아쇼카 펠로로 뽑혔다. 1980년 미국에서 설립된 아쇼카는 사회혁신기업가들을 돕기 위해 만든 글로 벌 비영리조직으로 매년 새로운 아이디어로 의미 있는 변화 를 만들어낸 이들을 아쇼카 펠로로 선정해 지원하고 있다. 아쇼카의 검증 과정은 까다롭기로 유명하다. 이 대표도 5년 간의 검증 과정을 거쳤다.

"아쇼카 펠로로 선정되면 3년 동안 생활비 일부를 지원 해주더군요. 신경 쓰지 않고 의미 있는 일을 할 수 있도록 도와주는 거죠. 도움이 많이 됐죠. 대부분 수도권에서 선정 해왔는데 로컬이슈로는 처음 선정된 거죠. 혁신기업가를 꿈 꾸는 청년들에게 '이런 일을 했을 때 의미 있는 존재로 알아 주는구나' 하는 용기를 주고, 지역에서 역할을 찾는 동기부 여가 된다는 점에서 의미가 있었어요."

이 대표의 새로운 시도와 실험은 지금도 계속되고 있다. 최근에는 전북교육청과 함께 이리동산초등학교 교과서를 만들었다.

"건물의 역사 100년도 좋지만, 그 학교의 1기에서 100기까지 구성원들이 생각을 보태 만든 교과서가 있다면 엄청난 역사적 가치를 갖게 되죠. 전북교육청에서 그런 의미를 알고 요청이 있어서 비매품으로 출판했어요. 그 책의 대표집필자가 학교 맞춤형 교과서를 만드는 과정을 기록한 책도 곧 나올 겁니다. 얼마 전 나주에서 아이들과 함께 엄마 아빠가 책마을에 왔는데 그 교과서를 보고 너무 반갑고 신기하다며 사겠다고 하더군요. 알고 보니 초등학교 교사였어요. 그냥 가져가시라고 드렸죠. 다른 학교로 확산될 수도 있다고 봐요."

대안학교로서도 기지개를 켜고 있다. 전북교육청과 대안교육 위탁기관으로 협약을 맺고 내년부터 본격 기숙형 대안학교로 운영한다.

"처음 학교를 인수할 때부터 이 학교를 세운 할아버지가 말씀하신 '교육'의 가치를 지키는 방법이 무엇일지 고민해왔습니다. 지역의 친구들이 지역에서 계속 생활할 수 있도록 하는 역할. 지역의 숨어 있는 가치를 찾는, 독서부터 실제 책을 만들어보는 학교로 운영해볼 계획입니다. 책을 만든다는 건 자신이 발신자 된다는 의미잖아요."

작년에는 다소 엉뚱하게 재미있는 일도 있었다. 코로나 확산 방지를 위해 책마을도 잠시 문을 닫았을 때였는데, 한국관광공사가 추천하는 6월의 가볼 만한 곳에 책마을이 선정된 것이다. 관광공사가 밝힌 선정 이유는 이랬다.

"폐교는 미술관, 박물관, 복합문화공간으로 바뀌기도 하고, 옛 학교의 감성을 고스란히 느낄 수 있는 공간으로도 거듭나 여행자를 즐겁게 한다. 아련한 기억을 소환하고 호기심을 불러일으키는 추억의 학교로 여행을 떠나보자."

이 때문에 주말에 관광객들이 찾아오는 바람에 급히 고창군청과 협의해 다시 문을 열기도 했다.

하지만 이런 공간이 계속 유지되고 지속적인 출판이 가능하려면 무엇보다 안정적인 재정이 뒷받침되어야 할 텐데, 과연 어떨까?

그동안 연평균 매출은 3억 원 정도로, 그중 책방 운영과 각종 교육·체험 프로그램에서 나오는 매출 비중이 책 출판 매출을 살짝 웃돈다고 한다. 하지만 전체적으로 지출이 좀 더 많은 걸 보면 그다지 수지 맞는 일은 아닌 듯 보였다.

　지역출판으로 먹고살 수 있을까

하지만 이대건 대표는 "공간을 늘상 다듬고 돌봐야 하는 입장이 아니라면, 수지는 어느 정도 맞는 일"이라고 말했다. 아직 책마을이 완성된 공간이 아니어서 계속 뜯어고치고 유지·관리하는 비용이 많이 들어가고 있기 때문이라는 설명이다.

마지막으로 책마을해리와 함께해온 날들이 행복한지 물었다.

"즐겁고 행복하지 않으면 몸 고단, 맘 피곤한 일 계속하기 어렵겠죠. 행복하면서 안 행복하면서, 그 사이에서 길항(拮抗)하면서 자조로운 삶 살고 있어요. 그 뜻에 함께하는 벗들이 있어 한편은 버티는 것인지도요."

제주도

⌂

한그루가 펴낸 대표도서들

제주섬의 역사와 문화를 '젊은 책'으로 담는 한그루
김영훈 대표·김지희 편집장

한그루가 지난 13년간 펴낸 책들을 보니 제주도의 문화 수준과 문학 자산이 참 높고 풍부하구나 하는 생각이 들었다. 특히 아동문학 분야는 내가 사는 경남보다 작가의 숫자도 많을뿐더러 작품 활동도 훨씬 왕성해 보였다.

2021년 가장 최근에 출간된 책의 면면을 보니 동화집 『신이 된 사람들』, 『천천히 자라는 나무야』, 『어린이법 9조 2항』, 동시집 『두점박이사슴벌레 집에 가면』 등 모두 아동문학이다. 제주아동문학협회의 동시·동화 작품집도 있고, 젊은시조문학회 작품집도 있었다.

"제주도는 문학 분야에서 지원제도가 잘 되어 있는 편이에요. 제주문화예술재단 등 작가들에게 창작지원을 해주는 곳이 있어서 그렇기도 하고요. 작가단체들의 활동도 활발한 편이죠. 무엇보다 제주라는 곳이 문학적 자양분이 많은 곳이라 양질의 작품이 꾸준히 나온다고 생각해요."

김지희(1977년생) 편집장의 설명이었다. 한그루는 김영훈 (1975년생) 대표가 2008년 창업한 제주의 출판사다. 종이가 나무로 만들어지므로 '나무를 아끼는 마음으로 책을 만든다'는 의미에서 '한그루'라고 지었다. 김지희 편집장은 한그루에 2016년 합류했는데, 둘 다 제주의 대표 출판사인 도서출판 각 출신이다. 김 대표는 1999년 각에 입사해 디자이너로 일했고, 김 편집장은 2000년 입사해 편집과 교정·교열을 했다. 출판사 대표가 디자이너 출신이라는 게 좀 이채롭다.

김영훈 대표는 제주에서 나고 자란 토박이다. 대학도 제주에서 디자인학과를 나왔다. 그는 원래 음악도였다. 중고등학교 때 교악대 활동을 했다. 같은 예술 분야이긴 하지만 음악과 미술은 엄연히 다른데 어떻게 디자인을 전공하게 되었을까?

그는 "음악을 하며 이런저런 음악잡지를 보던 중 미술과 디자인에 관심이 생겼다. 음악을 전공하진 못했지만 다른 분야에서라도 창작작업을 하고 싶었다"고 말했다. 하긴 대중음악가 최백호와 정미조, 조영남도 음악과 미술의 경계를 드나들었던 걸 보면 좀 이해가 된다. 그러고 보니 호밀밭

지역출판으로 먹고살 수 있을까

장현정 대표도 록커 출신이다.

출판사 사무실 서가에는 한그루가 펴낸 책 외에도 제주를 다룬 책들이 빼곡하다고 한다. 그중에는 김 대표가 헌책방에서 수십만 원을 주고 산 『탐라순력도』도 있다. 찾아보니 1702년 제주목사 이형상이 실시한 가을 순력과 제주도에서 치른 다양한 행사를 묘사한 기록 화첩이다. 김 대표는 "제주를 알아야 제주에서 더 좋은 책을 빚을 수 있다는 생각에 제주 관련 자료를 부지런히 모은다"고 말했다.

김지희 편집장이 합류한 2016년 이후 책 출간이 부쩍 늘었고, 그중 어린이 책의 비중이 높다. 그 이전까지는 김 대표 혼자 운영하는 1인 출판사여서 기관이 발주하는 비매품 도서나 납품용 도서 출간이 많았다. 김 편집장 합류 이후 기획출판이 본격화했고, 매년 인력도 늘어 지금은 디자인 2명, 편집과 마케팅 분야에 2명이 더 있다. 대표와 편집장을 포함해 총 6명인 셈이다. 올해 고심 끝에 마케팅 인력을 들여 홍보와 판매 부문에도 활력을 모색 중이다.

온라인서점 알라딘에 올라와 있는 한그루의 책을 보니 2020년 26종, 2021년 9월까지 11종이 나왔다. 연말까지 나올 책을 합치면 올해도 20종은 넘을 것 같다. 총 100여 권의 책이 서점에 유통되고 있다. 배본은 날개물류, 총판은 북센을 통하고 있다. 또 대형 오프라인 서점과 제주도내 큰 서점 4곳과는 직거래를 하고 있고, 30여 곳이 넘는 작은 서점들에도 책을 보급한다.

기획출판을 본격화한 2016년부터 5년 남짓한 짧은 기간이지만, 한그루가 낸 책들은 굵직한 상을 벌써 여러 개나 받았다.

강정효 작가의 『제주, 아름다움 너머』라는 책은 이번 2021 춘천 한국지역도서전에서 '천인독자상' 대상으로 뽑혔다. 이 책은 제주의 아름다운 풍광 너머, 그곳에서 살아가는 사람들의 삶의 애환과 아픈 역사를 담았다. 다양한 이야기를 통해 제주의 가치를 역설하는 한편, 최근의 각종 난개발로부터 제주의 가치를 지켜야 함을 강조하는 책이다. 2019년 고창 한국지역도서전에서도 김정희 시인의 제주어 동시 그림책 『청청 거러지라 둠비둠비 거러지라』가 천인독자상 공로상을 받은 바 있다.

2020년에는 고광민 작가의 『제주 생활사』가 제3회 롯데출판문화대상 본상에 선정되어 저자와 출판사가 각 1000만 원의 상금을 받았다.

2019년에는 문학평론가 김동현의 『욕망의 섬, 비통의 언어』와 민속학자 고광민의 『고개만당에서 하늘을 보다』라는 2종의 책이 문화체육관광부 세종도서 학술부문에 선정됐다. 세종도서로 선정되면 각 800만 원 상당의 책을 정부 예산으로 구매하여 공공도서관에 비치하므로 출판사에 적지 않은 도움이 된다.

"(웃음) 첫 직장, 첫 창업, 그리고 평생의 업이 지역출판이다 보니, 이것 외에 먹고사는 길에 대해 깊이 생각해보지 못했습니다. 이제까지 이 일로 먹고살았으니 가능하지 않을까요? 아직 출판만으로 흑자가 나진 않지만, 어떻게든 책을 계속 펴낼 수 있는 수익구조를 만들기 위해 노력하고 있고요. 사업성으로만 이 일을 하는 분들은 없을 거예요."

한그루 김영훈 대표와 김지희 편집장

올해 또 하나의 낭보가 왔다. 어린이 책 『해녀 영희』가 2021년 세종도서 교양부문 도서로 선정됐다는 소식이었다. 그동안 한그루의 수상 및 선정도서는 다음과 같다.

2017년   김정희 제주어 동시집 『할망네 우영팟듸 자파리』 문학나눔 도서 선정

2018년   강문규 『일곱 개의 별과 달을 품은 탐라 왕국』 세종도서 교양 부문 선정

2019년   이승일 사진시집 『직진 버스 타는 구름』 문학나눔 도서 선정

　　　　　김정희 제주어 동시 그림책 『청청 거러지라 둠비둠비 거러지라』 천인독자상 공로상

　　　　　김동현 평론집 『욕망의 섬, 비통의 언어』 세종도서 학술 부문 선정

　　　　　고광민 『고개만당에서 하늘을 보다』 세종도서 학술 부문 선정

2020년   고광민 『제주 생활사』 제3회 롯데출판문화대상 본상

　　　　　고광민 『제주도 도구의 생활사』 세종도서 학술 부문 선정

2021년   고혜영 시조집 『미역 짐 지고 오신 바다』 문학나눔 도서 선정

　　　　　김병심 산문집 『비바람이 치던 바다 잔잔해져 오면』 문학나눔 도서 선정

　　　　　강정효 『제주 아름다움 너머』 천인독자상 대상

지역출판으로 먹고살 수 있을까

"제주섬의 귀중하고 오랜 지혜가 담긴 문화자산을 젊은 책으로 만들기 위해 애쓰며, 누구나 지역의 이야기를 재미있게 읽고 전하게 되기를 꿈꾼다."

지난 2020 한국지역도서전 기념도서에서 밝힌 한그루의 출판사 소개글이다. 예전에는 주로 지역의 사료(史料)를 책으로 내다 보니 저자의 연령대뿐만 아니라 독자층의 연령대가 다소 높았다고 한다. 그래서 앞으로는 같은 내용이라도 미래세대인 어린이나 청소년, 청년층이 쉽고 재미있게 읽을 수 있도록 '젊은 책'을 많이 만들자는 생각을 담아 그렇게 썼다고 한다.

『해녀 영희』가 그런 취지로 만든 동화책이다. 이 책은 일제강점기 제주의 대표적인 항일운동인 해녀항일투쟁 이야기를 다루고 있다. 자칫 딱딱할 수 있는 해녀 항일투쟁의 개요와 과정을 어린 해녀 '영희'의 눈으로 바라봄으로써 쉽고 친숙하게 접근할 수 있도록 했다. 가장 최근에 출간된 『신이 된 사람들』역시 제주 신화에 등장하는 주인공들이 신이 되기까지의 모험담을 어린이들의 눈높이에 맞춰서 쉽게 풀어낸 책이다. 제주 신화에서 아이들이 흥미를 느낄 만한 요소를 가려내 짧은 글과 함께 그림을 배치해 쉽게 이해할 수 있도록 만들었다.

한그루 시선 외에 '리본시선'도 2권이 나왔다. 리본시선은 한그루와 시집 전문서점인 '시옷서점'이 힘을 모아, 절판된 시집에 새 옷을 입혀 되살리는 복간 시선이다. 강덕환 시인의 『생말타기』, 김경훈 시인의 『운동부족』이 그렇게 새 옷을 입고 다시 나왔다. 그 외 동시집과 동인 시집, 산문집도 계속 출간하고 있다.

이 밖에 제주연구원 제주학연구센터의 '제주학총서'를 비롯해 사단법인 제주학회의 연간 총서와 제주어연구소의 연간학술지 『제주어』를 펴내고 있다.

그동안 가장 많이 팔린 책은 뭘까? 제주어 동화집 『뚜럼허당』이 3쇄를 찍었고, 롯데출판문화대상을 받은 『제주 생활사』와 동시집 『열두 살 해녀』도 곧 3쇄에 들어갈 예정이다.

가장 애착이 가는 책을 물었더니 『제주 생활사』와 『열두 살 해녀』를 꼽았다. 『제주 생활사』는 '지역공동체 삶의 기록'이라는 지역출판사의 숙제에 충실한 책이기 때문이다. 지금의 제주를 더 알기 위한 지침서일 뿐만 아니라, 보편적인 인간사에 두루 적용해도 손색없는 지혜가 담겨 있다고 설명했다. 또 『열두 살 해녀』는 시인, 문화기획자, 작은 책방 운영자로 활동하고 있는 김신숙 시인의 동시집이다. 우도에서 태어나 열두 살에 해녀가 된 어머니의 구술을 바탕으로 지은 93편의 시가 담겨 있다. 이야기가 너무 귀해서 들려주신 이야기를 그대로 옮긴 부분이 많다고 하는데, 그래서인지 동시 속에는 실제 경험에서 나온 생생한 이야기와 입말

지역출판으로 먹고살 수 있을까

이 주는 정감이 가득하다.

책은 일반 서적보다 어린이 책이 더 많이 팔린다. 70대 30으로 어린이 책 판매량이 많다.

하지만 한그루 역시 책 판매수익만으로는 흑자를 내지 못한다. 2020년 매출 5억 원을 달성하고 약간의 흑자를 냈지만, 디자인 외주사업의 매출 비중이 출판보다 높다. 충북 청주의 '직지'처럼 출판 분야의 적자를 디자인 분야의 수익으로 메우는 식이다.

김영훈 대표는 수익이 안 되지만 고집스레 계속 책을 출간하는 이유를 이렇게 설명했다.

"지역 이야기를 가장 잘 이해하고 잘 전달할 수 있는 게 지역출판사니까요."

−지역출판으로 먹고살 수 있을까 묻는다면?

"(웃음) 첫 직장, 첫 창업, 그리고 평생의 업이 지역출판이다 보니, 이것 외에 먹고사는 길에 대해 깊이 생각해보지 못했습니다. 이제까지 이 일로 먹고살았으니 가능하지 않을까요? 아직 출판만으로 흑자가 나진 않지만, 어떻게든 책을 계속 펴낼 수 있는 수익구조를 만들기 위해 노력하고 있고요. 사업성으로만 이 일을 하는 분들은 없을 거예요. 그렇다고 의지만으로 운영할 수도 없고요. 잘 만드는 것 외에 잘 파는 것에도 더 품을 들인다면 더 좋은 순환 구조를 만들 수 있다고 생각합니다. 아직은 '벌어서' 책을 만들지만 앞으로는 '책으로 벌어서' 더 좋은 책을 실컷 만들 수 있도록 해 보겠습니다."

한그루 사무실 모습

충청북도

도서출판 직지 사무실 모습

디자인으로 벌어 책을 짓는 도서출판 직지

이성우 대표

충북 청주시에서 23년간 130여 종의 지역책을 출간해온 도서출판 직지(직지)도 책만 팔아서는 도저히 출판사를 유지할 수 없다. 그래서 애초 1998년 출판사 설립 때부터 디자인전문업체를 함께 설립, 운영해오고 있다.

이성우(1969년생) 대표는 산업디자인 전문회사 봄날과 출판사 직지 두 사업체 사장을 겸하고 있다. 굳이 사업자등록을 따로 한 이유는 뭘까? 출판사는 비과세이기 때문이라고 한다. 하지만 일반과세사업자라 하더라도 딱히 세금을 낼 일은 없을 듯하다. 직지는 늘 적자구조였기 때문이다.

봄날의 연 매출은 4억~5억 정도다. 주로 전시·공연 및 각종 행사 팸플릿이나 전시도록, 배너, 현수막 등을 제작한다. 옥외광고 매출도 약 20~30%를 차지한다. 하지만 책을 만드는 직지의 매출은 10%도 안 된다. 봄날에서 벌어 직지의 손실을 충당하는 방식으로 무려 23년을 버텨온 셈이다.

이성우 대표는 왜 그렇게 돈 안 되는 직지를 그토록 오래 끌고 온 것일까? "지역출판사가 있어야 지역콘텐츠를 생산하여 기록으로 남길 수 있고, 지역작가를 발굴할 수 있는 유일한 통로가 지역출판사이기 때문"이다.

그는 또한 '사람이 책을 만들지만, 책은 사람을 만든다'는 말을 좋아한다. 그래서 그의 명함에도 '책을 만드는 사람, 사람을 만드는 책'이라는 글귀가 새겨져 있다.

이성우 대표는 청주시의 외곽인 옛 청원군의 한 농촌마을에서 셋째 아들로 태어나 문학소년으로 자랐다. 고등학교 시절 문학동아리에서 시를 쓰던 그는 대학도 문예창작과를 가려 했으나 여의치 않아 서원대학교 국어국문학과로 진학했다.

대학에서도 1학년 때는 문학동아리 활동을 했으나, 2학년부터 민중미술 동아리와 마당극 동아리에서 문화선전대 활동을 하며 민주화운동에 가담했다. 87년 6월항쟁 직후인 1988·89년이었으니 한창 대학가가 시끄러울 때였다.

그 후 군대를 다녀와 4학년으로 복학했는데, 특이하게도 인쇄 관련 강의가 개설돼 있었다. 그 강의를 들으면서 막연하게 출판 쪽에 관심이 생겼다. 그게 인연이 되었는지 졸업 후 몇몇 직업을 전전하던 중 1998년 직지이미지네이션이라는 광고기획사에 입사했다. 그가 입사한 후 회사는 직지라는 이름으로 출판사를 새로 등록했는데, 이성우 대표가 당시 기획실장이라는 이름으로 그 분야를 맡게 됐다.

회사는 이후 실내인테리어까지 사업영역을 확대해나 갔다. 그러다 2003년 말 인테리어 분야를 출판과 분리하게 되었고, 그때 이성우 대표가 출판 분야를 따로 떼어 나왔 다. 그렇게 2004년 3월 그는 도서출판 직지의 정식 대표가 되었다.

'직지(直指)'는『백운화상초록불조직지심체요절』을 줄여 부르는 말로『직지심체요절』이라고도 부른다. 현존하는 세 계에서 가장 오래된 금속활자본 책이다. 청주 흥덕사에서 1377년에 간행되었으며, 독일의 금속활자본『구텐베르크 42행 성서』보다 78년이나 앞선 것으로 확인됐다. 인류문화 사에 끼친 가치를 인정받아 2001년 9월 유네스코 세계기록 유산으로 등재됐다. 한 권뿐인 이 책은 프랑스 국립도서관 에 있지만, 흥덕사에서 만들었다는 사실이 판권(간기)에 기록 되어 있다.

출판사 이름을 직지로 한 것은 간행지인 청주의 자부심 을 담고자 했고, 1998년 처음 낸 책도 이름에 걸맞게『직지 심체요절』을 번역한『활자의 혼을 찾아서』였다.

직지가 낸 130여 권의 책 중 가장 많이 팔린 것은『아이 들과 함께하는 청주문화유산답사』(이철희 지음)였다. 이 책은 10년 동안 서점 및 기타 유통망을 통해 5000여 권 정도 팔

렸다고 한다. 하지만 회사 수익에는 그다지 별 보탬이 되지
못했다. 당시 청주지역의 도서유통업체가 부도처리되면서
판매대금 회수를 못했기 때문이다.

수익에 보탬이 된 건 꽃과 식물, 곤충과 동물 등 생태 이
야기를 엮은 『토끼똥에서 녹차냄새가 나요』(신준수 지음)라는
책이었다. 이 책은 2011년 환경부 우수교양도서로 선정됐
고, 2000여 권이 팔렸다.

2001년 환경단체와 함께 펴낸 『들꽃들의 보물창고 상
당산성』도 이성우 대표에게 애착이 많이 가는 책이다. 유적
지 주변의 자연생태를 조사하여 출간했다. 당시 ISBN(국제표
준도서번호)도 없이 만들었는데, 다시 정식으로 출판하고 싶은
책이라고 한다. 다음에는 우암산 들꽃 지도를 만들었는데,
위치별로 어떤 꽃들이 어느 계절이 많이 피는지 소중한 정
보를 담고 있다.

『즐거운 소풍길』(변광섭 강호생 홍대기 지음)도 꾸준히 팔리고
있는 책이다. 2012년 문화체육관광부 우수교양도서로 뽑
혔다. 충북이 품고 있는 40개소의 역사 문화 관광자원을
소개하는 책이다. 에세이스트인 변광섭의 글과 한국인의
심성과 서정을 수묵화로 표현하는 화가 강호생의 그림, 사
진작가 홍대기의 사진이 어우러져 충북의 아름다운 속살을
보여준다.

2015년에는 한국출판문화산업진흥원의 우수지역콘텐

츠 지원을 받아 『준풍에 올린 돛대』(강민식 외)를 출간했다. 청주백제유물전시관과 충북참여자치시민연대가 함께 연 역사 읽기 강좌에 참여한 10여 명이 전국의 지정문화재 중 당간지주를 조사해 쓴 책이다.

〈중부매일〉 김정미 기자가 언론진흥재단 지원을 받아 쓴 책 『전통에 말을 걸다』와 『산을 닮은 집』도 직지에서 나왔다. 충북의 무형문화재와 고택을 조사하여 쓴 책이다.

충북지역 NGO 활동가들의 인터뷰를 엮은 『함께 가자 &GO』, 『좋은 세상 설계자들』, 충청의 천연기념물 『천혜의 비상』, 무심천 민물고기 도감 『무심천에는 누가 사나 볼래?』, 충북동학농민혁명사를 정리한 『충북 하늘 위에 피어난 녹두꽃』 등도 지역출판사가 아니라면 나올 수 없었던 책이다.

『두꺼비와 공존을 그리다』(박완희 지음)는 이성우 대표와 오랫동안 함께 해온 권기윤 편집부장에게 각별한 책이다. 책에 실린 사진 대부분을 그가 찍었기 때문이다. 택지개발로 사라질 뻔했던 두꺼비 서식지 원흥이방죽 보존운동 과정을 기록한 책이다. 다음은 권기윤 부장의 설명이다.

"2003년 봄, 택지개발로 묵논, 묵밭이 되어있던 청주 산남동에서 두꺼비가 발견되었다. 생태교육에 참여한 사람들이 두꺼비를 살려달라 했다. 수천 마리의 새끼 두꺼비들이

도랑을 새카맣게 뒤덮으며 산으로 올라가는 경이로운 모습이 방송에까지 나오면서 사람들의 관심도 높아졌다.

아름다운 자연이 택지개발로 모두 사라지게 될까 안타까워 두꺼비를 살리자는 운동은 확산되었다. 개발을 추진하던 토지공사(지금의 토지주택공사)는 곤란해했고, 갈등이 시작되었다. 서명운동, 촛불 한마당, 금줄 치기, 1인 시위, 천막 농성, 새벽의 방죽 껴안기, 벌목 막기, 단식….

2년 가까운 시간이 지나고 나서야 다행스럽게도 합의가 이루어졌다. 두꺼비가 알을 낳던 원흥이방죽은 원형대로 보존되었고, 방죽과 산을 연결하는 생태공원으로 만들어졌다. 공원 한쪽에 생태문화관이 세워져서 생태교육 프로그램을 운영하고 있다. 두꺼비와 사람이 더불어 살아갈 수 있는 기초가 마련된 것이다."(『나는 지역에서 책 지으며 살기로 했다』, 더페이퍼, 2018, 167쪽)

한 편의 드라마 같은 이야기다. 또한 자연과 사람이 공존하려는 주민운동의 과정을 담은 중요한 기록이다. 이 책의 저자 박완희 씨는 두꺼비 살리기 운동의 가장 중심에 섰던 사람이었다. 책이 나온 후 그는 청주시의원에 당선되었다.

이 밖에 지역에서 활동하는 시인들의 시집이 '직지시선'으로 묶여 8권까지 나왔고, 수필집도 꾸준히 나오고 있다.

청주에서는 지역출판과 지역서점의 어려운 현실을 타개

"상생충북운동 덕분에
100~200권 정도는 더 팔리는
효과가 있어요. 그 정도만 해도
지역출판사로서는 크게
도움이 되죠."

도서출판 직지 이성우 대표

해보려는 희망적인 움직임도 있다. 2016년부터 지역에서 활동하는 작가, 출판사, 동네서점, 그리고 NGO 단체가 합심하여 지역출판사와 동네서점을 살리려는 운동을 시작한 것이다. 충북지역출판동네서점살리기협의회(상생충BOOK)를 결성하여 100여 개에 이르는 작은도서관에서 책을 구입할 때 동네서점에서 구입하고, 동네서점은 지역출판 코너를 설치했다. '이달의 책'을 선정하여 서점과 도서관에서 독서모임과 연계하여 '작가와의 만남'을 개최하고 있다.

과연 페이스북에서 '상생충BOOK'를 검색해봤더니 (사)충북시민재단 이사장과 충북참여연대 상임고문을 맡고 있는 강태재라는 분이 지난 3월에 올린 글이 나왔다.

"충북지역출판동네서점살리기협의회(상생충BOOK)는 '이달의 도서'로 박홍규 시인의 시집 『기억이라는 이름의 꽃』(도서출판 직지)을 선정했다. 이 책은 2020년 '청주시 1인 1책 펴내기 운동 최우수상'을 받은 책이기도 하다.

선정위원회 측은 "『기억이라는 이름의 꽃』은 오월의 나무 아래에서 세상의 중심을 묻는 아이에게 돌멩이와 민들레, 버들치와 장수풍뎅이, 강아지풀에 맺힌 물방울을 가리키며 아이의 눈빛을 바라보는, 따뜻하고 잔잔한 말을 가진 시집"이라고 선정 배경을 밝혔다.

선정된 도서에 대해서는 4월부터 3개월 동안 동네서점

과 작은도서관, 그리고 협약기관·단체에서 초청강연을 갖는 등 작가와 독자가 만나는 행사를 추진한다.

박홍규 시인은 청주 지역에서 30여 년 동안 국어교사로 근무하며 틈틈이 창작을 해왔으며, 청주시 '1인 1책 펴내기'를 통해 시집을 선보여 작품성을 인정받고 문단의 주목을 받았다."

2017년 '충북NGO센터' 페이스북 페이지에도 이런 글이 올라와 있었다.

"봄을 알리는 2017년 3~4월 상생충BOOK 선정도서! 도서출판 직지에서 출간한 신준수 작가의 『껌 먹는 두더지』입니다. 신준수 작가의 어린 시절 추억을 통해 어른들에게는 옛 놀이터이자 어린아이들에게는 무한한 상상력을 주는 자연을 만날 수 있습니다. 『껌 먹는 두더지』는 우리동네 17곳 동네서점에서 만날 수 있습니다."

감동적이었다. 시민단체가 지역출판사와 지역서점의 상생을 위해 이렇게 적극적으로 나서는 사례는 전국 다른 지역에서 찾아볼 수 없다. 실제 출판사에는 얼마나 도움이 되고 있을까?

"상생충북운동 덕분에 100~200권 정도는 더 팔리는 효과가 있어요. 그 정도만 해도 지역출판사로서는 크게 도움이 되죠."

청주에는 고인쇄박물관이 청주시와 함께 벌이고 있는 '1인 1책 펴내기 운동'도 있다. 15년 이상 진행되어온 정책인데, 시민들이 글쓰기 강좌 프로그램을 듣고 글을 써서 선정되면 1인당 50만 원의 출판비를 지원해준다. 매년 약 100여 편이 선정되고, 지금까지 1500여 권이 소책자 형태로 나왔다고 한다. 매년 전체 선정작을 모아 합동 출판기념회와 전시회도 열어준다. 이 또한 다른 지역에선 볼 수 없는 정책이다. 그러나 원래 취지와는 달리 강좌 프로그램을 운영하는 주체에는 도움이 되겠지만, 지역출판사에는 별다른 도움이 안 된다고 한다. 50만 원이라는 출판지원금이 턱없이 부족하기도 하지만, 실제 출판이 가능한 콘텐츠를 발견하기가 쉽지 않다고 한다. '생애주기별 1인 1책 쓰기 운동'을 벌이고 있는 대전 월간토마토나 춘천 문화통신에서도 참고해볼 대목이다.

직지는 올해 들어 특히 큰 어려움을 겪고 있다. 코로나19 유행으로 인쇄디자인 물량이 대폭 줄었기 때문이다. 권기윤 부장 외 디자인 인력 3명 중 한 명은 그만뒀고, 2명은 재택근무 중이다.

도서출판 직지가 낸 책들

-지역출판으로 먹고살 수 있을까요?

"현재 기준이라면 못 먹고산다고 말씀드리겠죠. 재작년에 전북 고창에서 열린 지역도서전에 가서 감명을 많이 받았어요. 할머니들과 함께 만든 책들을 보면서 그렇게 지역의 오래된 분들하고 그렇게 지역 역사와 문화와 기억들을 더 남겨야겠다는 생각이 들었죠. 그런 의미 있는 책을 만드는 게 우리의 역할이니까 다른 데서 벌어 여기에 투자하는 것이고…."

-책만으로는 먹고살기 어렵지만 누군가는 해야 할 역할이라는?

"어렵지만 따지고 보면 30대 어린 나이에 사장이 되어서 2004년부터 지금까지 20년이 조금 안 되는 세월 동안 크게 빚 안 지고 월급 주면서 살아왔잖아요. 거래처에도 제때제때 결제해주고, 크게 빚을 안 졌다는 말은 어쨌거나 이 일로 먹고살았다는 거잖아요."

-은퇴를 포함한 앞으로의 꿈은 뭔가요?

"제가 40대 시절 우리 직원들에게 '회사는 너희들에게 맡기고 나는 산에 들어가서 조그만 집 하나 지어 책 읽고 소일거리 하면서 살 거야' 이런 소리를 많이 했는데, 아직도 그러지 못하고 사무실 화분에 물 주면서 식물 키우고 있네요.(웃음) 저희 하는 일이 은퇴가 정해진 게 아니잖아요. 지금도 산에 들어가고픈 꿈은 있지만, 늘 그랬던 것처럼 할 수 있을 때까지는 계속 책을 만들지 않을까 싶네요."

기타
지역

⌂

책공방이 삼례문화예술촌에 있을 당시 모습

1년에 딱 한 권 안 팔릴 책만 내는 책공방出版社
김진섭 대표

'책공방출판사'(책공방)는 그냥 우리가 생각하는 그런 출판사가 아니다. 1년에 딱 한 권의 책만 낸다. 그것도 많이 팔릴 만한 책을 내는 게 아니라 꼭 필요하다고 생각하는 책만 낸다. 이른바 '1년 1책 자유출판'이다.

출판사 이름은 책공방이지만 회사와 공간을 포함한 개념으로는 '책공방북아트센터'라고 부른다. 2020년 연말까지 전북 완주군 삼례읍 삼례문화예술촌 안에 있었던 책공방북아트센터는 완주군청의 일방적 계약 해지로 지금은 공간이 없어진 상태다. 책공방이 보유한 책과 출판 기계 150여 종, 출판도구 2000여 점은 일시적으로 임대 창고에 옮겨놓고, 새로운 보금자리를 물색 중이다.

"완주에서 떠나온 후 저희와 함께하겠다는 다른 지방자

치단체가 있어서 내년 6월~8월쯤 오픈할 예정으로 지금은 준비 중입니다."

김진섭(1966년생) 대표는 여성잡지사에서 일하던 중 1998년 유럽에 출장을 갔다가 한국에는 없는 특이한 공간을 발견했다. 자신만의 기록으로 나만의 책을 만들어주는 소규모 책공방이 문화의 한 축으로 역할하고 있는 것을 곳곳에서 발견하였고 우리나라도 곧 이와 같은 문화가 확장될 것이라는 확신이 들었다.

"책공방은 옛날 방식 그대로 표지 디자인에서부터 종이 재질까지 개인의 취향에 맞춘 수제(手制) 종이를 접고, 실 매기를 하고 양장 제책 등의 과정을 거치는 책, 즉 세상에 단 한 권밖에 없는 맞춤책을 만드는 곳이었죠. 단순히 읽는다는 차원을 넘어 자신만의 책을 만들 수 있는 유럽인들의 문화와 삶의 여유에 큰 충격을 받았습니다."

김 대표는 기존의 찍어내기식 대량생산의 출판환경에 변화를 주고자 사업을 시작하기 위해 2001년 직장인 잡지사에 사표를 냈다. 사표를 낸 직후 서울 서교동에 단독주택을 개조, 60여 평의 책공방북아트센터를 열었다. 창업자금은 주택을 담보로 대출받은 돈을 포함해 모두 1억 원이 전부였다.

　출판이나 인쇄와 관련된 기계나 도구를 수집하기 시작했고, 이를 활용해 사람들이 직접 자기 책을 만들어보는 체험 프로그램을 만들었다. 입소문이 퍼지자 유치원을 비롯해 도서관, 지자체, 백화점 등에서 문의가 줄을 이었고, 가족이나 연인 등 자신들만의 앨범이나 책, 다이어리를 만들려는 수요도 늘었다. 또 버스를 개조해 '책만드는버스'도 운영했다. 단체 주문이 들어오면 공방 도구를 싣고 가서 현장에서 책 만드는 문화체험을 했다.

　그러던 중 2011년 완주군청으로부터 삼례문화예술촌에 입주해달라는 요청을 받았고 김진섭 대표는 그 요청을 수락, 2013년 6월 보금자리를 옮겼다. 책공방북아트센터는 곧바로 삼례문화예술촌의 대표적 명소가 됐다. 그곳이 전국적인 관광지로 발돋움하는 데도 큰 역할을 했다.

　"책공방 북아트센터는 유럽식 북아트 공방을 국내 최초로 도입하여 책 만드는 문화를 체험해볼 수 있는 종합문화센터입니다."

　2013년부터 2020년까지 8년간 120개의 책공방 프로그램을 운영했고, 수십만 명이 참여했다. 완주군청 주최, 책공방 주관으로 완주에 사는 어르신들을 모아 '완주 시니어 자서전 학교'를 열고, 26명의 어르신 자서전을 만들어드렸다. 또 16명의 완주 사람들을 취재하여 신문형태의 '완주인생보'도 만들었다.

자서전은 10권씩 제작하여 드렸다. 어르신들의 반응이 정말 좋았다.

"한 할머니는 초등학교도 졸업하지 못한 분이셨는데, 교회에서 성경을 필사하며 한글을 익혔어요. 그리고 저희 자서전학교를 수료하고 자신의 삶을 글로 쓰셨는데, 저희가 윤문과 교정·교열, 디자인 과정을 거쳐 책을 만들어드렸죠. 그리고 저희가 작가님(자서전학교를 수료하면 작가님의 호칭을 사용하고 있다)에게 숙제를 냈어요. '작가님, 책이 나왔으니 이제는 출판기념회를 하셔야 해요.' 그랬더니 작가님이 20권을 더 복사하셔서 중국음식점에 친구들을 불러 출판기념회를 하고 책을 나눠준 거예요."

그렇게 성대한(?) 출판기념회를 치렀고, 며칠 후 작가님의 따님으로부터 책공방은 장문의 편지를 받았다. 항상 기죽어 지내시던 어머니가 책을 낸 이후로 자존감이 크게 높아지셨다며, 자식으로서 책공방에 큰 감사를 드린다는 내용이었다.

"에브리데이 해피예요! 물질적인 요소도 중요하지만, 제가 가고자 하는 이 길을 가지 않고, 삶을 영위하기 위한 일만 했다면 돈은 좀 벌었을지 몰라도 기쁨이란 건 없었을 거예요. 물질이라는 욕심보다는 저는 저의 길을 가고 싶어요."

책공방 김진섭 대표

김 대표를 포함, 3명이 정말 정신없이, 그러나 재미있게 일했다. '1년 1책 자유출판'으로 모두 11권의 책도 출간했다. 『책잘만드는 책』(2013), 『책잘만드는 제책』(2014), 『한국 레터프레스 100년 인쇄도감』(2015), 『책공방15년』(2016), 『책공방, 삼례의 기록』(2016), 『BOOK TOOLS』(2016), 『LETTER PRESS TOOLS』(2017), 『책기계 수집기』(2018), 『책공방 백서』(2019), 『활판공방탐사』(2020), 『모두의 첫 책-공책』(2021)이 그것이다.

저자는 모두 김진섭 대표다. 김 대표는 "팔리고 읽히는 책만이 아니라 오랜 시간이 흘러도 그 분야를 알기 위해 필요한 참고도서가 될 만한 책이 바로 자유출판"이라고 말했다.

"90년대 들어 인쇄 출판이 디지털화되면서 아날로그 물성, 기계가 모두 사라져버렸어요. 그리고 인쇄를 사라져간 산업으로 취급해 아무도 기록해놓지 않으니, 나는 이 한 종류만이라도 선택하여 이 항목만 끊임없이 글을 써야겠다. 그리고 이것은 시장성이 없다는 이유로 누구도 책을 만들어주지 않으니까 내가 출판사 만들어서 내 책만큼은 내가 직접 만들어보자. 그리고 누가 팔아주지도 않으니 내 책공방 북아트센터에서 조그만 매대 깔아서 내 책은 내가 팔자. 오랜 시간 세상에 알려야 한다. 그렇게 해서 1년 1책을 내고 있는 거죠."

　이렇게 고집스런 작업의 가치를 알아주는 곳도 생겼다. 『책기계 수집기』는 2019년 제2회 롯데출판문화대상 본상에 뽑혔다. 저자에게 1000만 원, 출판사에 1000만 원의 상금이 지급되었는데, 출판사 대표와 저자가 동일인물이었던 경우는 책공방이 유일했다. 이 책에는 '멸종위기에 처한 것은 동물만이 아니다'라는 부제가 붙어 있는데, 말 그대로 아날로그 방식의 출판·인쇄문화 또한 기록하지 않으면 멸종된다는 김 대표의 철학이 들어 있는 듯했다.

　앞서 2017년에는 역시 김진섭 대표가 펴낸 『책공방, 삼례의 기록』과 『BOOK TOOLS』 두 권이 제23회 한국출판평론상 우수상에 선정됐다.

　하지만 김 대표가 더 소중하게 여기는 책은 『책 잘 만드는 책』이다. 책이 어떻게 만들어지는지, 종이는 어떻게 만들어지는지, 필름은 어떻게 출력되고, 인쇄, 제책과 후가공은 어떻게 진행되는지 전 과정을 담은 책인데, 지금도 계속하여 개정판을 내고 있다.

　하지만 책공방에 위기가 왔다. 2020년 봄 세계를 덮친 코로나19 여파로 책공방이 운영하던 책 만드는 버스, 책공방 북아트스쿨, 다이어리 만들기 등 모든 체험학습 프로그램이 중단된 것이다.

엎친 데 덮친 격으로 완주군청은 계약해지를 통보해 왔다. 책공방에 무슨 잘못이 있어서가 아니었다. 그냥 군청에서 직영하는 체제로 전환하겠다는 거였다.

도리가 없었다. 김진섭 대표는 삼례를 떠나기 전 그동안 책공방을 아껴준 사람들과 송별행사를 열었다. 8년 동안 삼례에서 가르치고 키워온 제자에게 공로패를 전달했다. 동지적 관계를 맺어온 전주의 작은책방 '물결서사' 대표에게도 감사패가 전달됐다. 김진섭 대표도, 제자와 책방 대표도, 지켜보는 사람들도 모두 눈물을 흘렸다.

다행히 책공방을 유치하겠다는 다른 지자체가 있어 내년에는 다시 책공방북아트센터를 만날 수 있을 것 같다. 그때쯤이면 코로나 바이러스도 종식되기 바란다.

"사실 2년의 슬럼프 기간을 보내면서 많은 생각을 했어요. 어쩌면 내가 이 일을 오래 하지 못할 수도 있겠구나. 내가 왜 돈도 안 되는 일을 하고 있지? 나는 왜 이 어려운 길을 가고 있지? 수없이 고민했어요. 지금 나에게 꿈이 있다면 자유출판을 하겠다는 이 마음을 변치 말고 내 생이 다하는 날까지 1년 1책만이라도 잘 지켜나갈 수 있으면 정말 내 인생 성공이다…. 이렇게 스스로 다짐하고 있어요."

마지막으로 책공방 대표로 이렇게 살아온 삶이 행복한

지역출판으로 먹고살 수 있을까

지 물었다.

"에브리데이 해피예요! 물질적인 요소도 중요하지만, 제가 가고자 하는 이 길을 가지 않고, 삶을 영위하기 위한 일만 했다면 돈은 좀 벌었을지 몰라도 기쁨이란 건 없었을 거예요. 물질이라는 욕심보다는 저는 저의 길을 가고 싶어요."

에필로그

　이번 지역출판사 취재는 한국지역출판연대(회장 강수걸 산지니 대표)의 2021 춘천 한국지역도서전 기념도서를 위해 이뤄졌다.

　아쉬운 점은 나의 역량 부족과 코로나 팬데믹으로 인한 제약, 일정상의 문제 등으로 인해 모든 지역출판사를 담지 못했다는 것이다. 이번에 기록하지 못한 한국지역출판연대 회원사 명단은 다음과 같다.

　제주 도서출판 각, 경남 경상국립대출판부, 대구 계명대출판부, 통영 남해의봄날, 춘천 달아실, 대구 담다, 제주 담론, 임실 대도대한, 수원 마을기록, 부산 부산대출판부, 대구 브로콜리숲, 부산 빨간집, 대구 빨강머리앤, 광주 상상창작소봄, 대구 소소담담, 춘천 여름, 경산 영남대출판부, 전주 온하루, 원주 이음, 광주 전라도닷컴, 진주 지역쓰담, 함양 지인공간, 춘천 파피루스, 시흥 한동네, 상주 한일사, 대구 한티재, 부산 해성.

나는 10여 년 전 '뿌리깊은나무'에서 나온 『한국의 발견』 열한 권 중 경상남도편을 읽고 큰 감명과 동시에 충격을 받은 적이 있다. 내가 나고 자랐고, 거기서 글밥을 먹으며 살아온 나도 몰랐던 경남을 이토록 살뜰히 조사하여 기록한 책이 있었다니! 그 책을 기획하고 펴낸 한창기 (1936~1997)라는 분이 궁금해 『특집! 한창기』라는 책을 단숨에 읽었고, 그분이 만든 책들을 헌책방에서 닥치는 대로 구입했다. 그리고 그분을 진심으로 존경하게 되었다.

문제는 지금 한국 출판계에 '뿌리깊은나무'가 없고 한창기 발행인도 없다는 사실이다. 1983년에 나왔던 『한국의 발견』 경남편의 30년 뒤 버전을 우리가 만들기로 결심했다. 후배기자들을 동원해 1년에 걸친 취재를 시작했고, 2013년 『경남의 재발견』(도서출판 피플파워)이 두 권의 책으로 나왔다.

이번 취재에서 만난 전국 각지의 출판사들이 만들어온 책들도 다르지 않았다. 제각기 '부산의 재발견', '대구의 재발견', '수원의 재발견', '춘천의 재발견'을 만들고 있었다. 한창기와 '뿌리깊은나무'를 끝으로 단절되어버린 그 일들을 지금 지역출판사들이 하고 있는 것이다.

나는 이런 지역출판사들이야말로 지역문화의 산실이라고 생각한다. 잘 팔리는 책, 돈 되는 책은 아닐지라도, 지역에는 꼭 필요한 책, 문화 다양성과 지적 자산을 불리는 책들을 꾸준히 출간해온 이들의 고군분투를 응원한다.